LEBEN AM GARTENTEICH

LEBEN AM GARTEN TEICH

KATE BRADBURY

DK

INHALT

EIN TEICH FÜR IHREN GARTEN

VORWORT

Was ist ein Teich? So ziemlich das Beste, was Ihrem Garten passieren kann! Im Großen und Ganzen ein Gewässer mit Pflanzen: tief oder flach, rund oder nierenförmig, streng formal oder naturnah. Er kann von Wildblumen, Terrassenfliesen oder Pflaster eingefasst sein oder einen Kieselstrand haben. Er ist eine Heimat für Kaulquappen und Insekten, und unter den Seerosen gleiten Molche.

Ein Teich ist der Mittelpunkt jedes Gartens. Er ist lebendig und macht Spaß, lockt uns magisch an und lädt uns ein, sich neben ihm niederzulassen und seine Welt zu betrachten. An seinem Ufer bemerkt man Dinge, die man nie zuvor gesehen hat, staunt über das Wunder der Metamorphose und erschaudert ob der Grausamkeit der Natur, in der Zähne und Klauen regieren. Was also ist ein Teich? Nun ja, eben etwas ganz Wunderbares.

WIE SIND TEICHE ENTSTANDEN?

Teiche gab es schon immer. Geschaffen wurden sie von mäandernden Flüssen und umstürzenden Bäumen, die Senken oder Gruben hinterließen. Mitunter zeichneten auch Biber für ihr Entstehen verantwortlich. Früher gab es in jeder Ecke eines Felds einen Teich als Viehtränke. Dorfteiche versorgten die Landbevölkerung mit Wasser und manchmal auch mit Speisefischen. Mühlenteiche hielten Wasserräder in Bewegung und dienten der Industrie als Energiequelle. Früher waren Ziergewässer ein zentraler Blickfang in Prachtgärten rund um die Welt. Später gingen aus diesen herrschaftlichen

Blickfang im Sommer
Ein üppig grüner Sommerteich steckt voller Leben.

Anlagen unsere Parks und Hausgärten mit Gewässern im Kleinformat hervor – ein Stück Glamour auf dem eigenen Stückchen Grund.

Jeder Teich, ob groß oder klein, geometrisch oder naturnah, bot der Tierwelt eine Gelegenheit, Lebensraum zu erobern. Wer weiß, vielleicht entwickelten sich die Amphibien einst in regengefüllten Fußabdrücken von Dinosauriern und Mammuts mit dickem Fell. Später duckten sich diese Grenzgänger zwischen Wasser und Land unter die Teichoberfläche, wenn Kühe oder Pferde ihr Maul zum Trinken hineintauchten oder Dorfbewohner ein Bad nahmen. Auch etliche Wirbellose erkoren sich die Gewässer zur Bleibe: Manche verbringen ihr ganzes Dasein darin, andere nur einen Teil ihres Lebenszyklus. Teiche sind überlebenswichtig für fast alle Organismen, angefangen von Fischen, Amphibien und Insekten über Libellen und Wasserkäfer bis hin zu Säugetieren und Vögeln. Sogar Bienen nutzen sie als Tränke. So spenden Teiche Leben, sind Leben. Für alles und jeden.

EIN TEICH FÜR ALLE JAHRESZEITEN

Mit einem Teich auf dem Grundstück können Sie sich zurücklehnen und zusehen, wie sich die unterschiedlichsten Arten in Ihrem Garten einfinden. Ich tapse jeden Morgen nach draußen und lasse den Blick über das Wasser schweifen, während drinnen der Teekessel kocht. Im Frühjahr sehe ich Frösche beim Liebesspiel, ihren Laich, Rückenschwimmer und Wasserläufer oder auch die erste Kröte der Saison. Im Sommer flitzen Käfer am Ufer entlang, tauchen Libellen ihren

In eiskalter Schönheit erstarrt
Den Lebewesen über der Wasseroberfläche hat ein zugefrorener Teich wenig zu bieten, denn Trinken und Baden sind nicht möglich. Tief unten auf dem Grund aber überdauern Frösche, Käfer und andere Tiere im schützenden Schlamm.

Unter der Oberfläche
Selbst so kleine Pflanzen wie Wasserlinsen spielen in Teichen eine wichtige Rolle. Sie bieten Kaulquappen und Wirbellosen Zuflucht.

Hinterleib ins Wasser, um dort ihre Eier abzulegen, und umschwirren Unmengen von Bienen, Fliegen und anderen Insekten die Blüten am Ufer, während neben meinen Füßen Amphibien herumzappeln oder -krabbeln. Im Herbst halte ich Ausschau nach Igeln, ihren Hinterlassenschaften und Vogelspuren im Schlamm. Im Winter blicke ich manchmal auf eine gefrorene Oberfläche und sehe, wie die Sonne den Raureif auf dem Ufergras zum Glitzern bringt. An meinem Teich vergesse ich die Zeit – fast jeden Morgen muss ich mich mit kaltem Tee begnügen. Was war das? Was kommt als Nächstes? Wer seid ihr? Diese Fragen stelle ich mir ständig. Weil ich ein kleines Gewässer mit einigen Pflanzen darin in meinem Garten habe.

TIERE BRAUCHEN TEICHE

Teiche sind ein Refugium für viele Tierarten, von Fischen über Amphibien und Wirbellose bis zu Säugetieren und Vögeln, die darin trinken und baden. In keinem Teil des Gartens herrscht eine größere Biodiversität, manchmal schon wenige Wochen nach dem Anlegen.

Man kann die Bedeutung von Teichen für die Tierwelt gar nicht hoch genug bewerten. Obwohl Kleingewässer in Europa sehr häufig sind, ist ihre Zahl in manchen Ländern wie etwa den Niederlanden und der Schweiz seit den 1970ern um ganze 90 Prozent zurückgegangen. Viehtränken ersetzten Tauteiche, Naturteiche und Weiher ließ man verlanden, und Gartengewässer mussten befestigten Flächen oder pflegeleichten, pflanzenarmen Kiesflächen weichen.

Ein Netzwerk aus Teichen lässt sich mit Trittsteinen vergleichen, die Tieren das weiträumige Reisen ermöglichen. Je weniger Teiche es gibt, desto schwerer

Vogeltränke
Ein Stein ist der ideale Landeplatz für diesen Zaunkönig, der auf einen Schluck vorbeischaut.

die Fortbewegung für Tierarten, die auf eine nahe Wasserquelle angewiesen sind. Das kann dazu führen, dass Populationen isoliert und damit letztendlich durch Inzucht sowie eine größere Anfälligkeit für Krankheiten, Naturkatastrophen, Klimawandel und andere Veränderungen des Lebensraums dezimiert werden. Kurzum: Weniger Teiche bedeuten weniger Tiere. So einfach – und so traurig – ist das.

Teiche sind wie Trittbretter für die Tierwelt. Ohne sie werden Populationen isoliert.

TEICH UND MENSCH

Auch wir Menschen profitieren von Teichen. Studien zufolge wirkt sich ein Aufenthalt im oder am Wasser positiv auf unsere psychische Verfassung aus. Unser Blutdruck sinkt und wir kommen innerlich zur Ruhe. Selbst ein Kleingewässer im Garten erhöht bereits das Wohlbefinden.

Ich mag Teiche. Warum das so ist, weiß ich nicht so genau. Aber ich weiß, dass ich nie wieder ohne Teich leben möchte. Wir hatten keinen, als ich Kind war, aber im Nachbargarten gab es ein Minigewässer. Ich lugte ständig durch den Zaun, um einen Blick darauf zu erhaschen. Mit sechs Jahren fiel ich versehentlich in einen Teich im Gartencenter. Daraufhin weigerte sich meine Mutter kategorisch, mich einen anlegen zu lassen. Erst mit 24 Jahren – ich war längst ausgezogen – konnte ich mir einen zulegen. Genauer gesagt wurden es gleich zwei. Inzwischen habe ich einen hinter dem Haus, einen Gefäßteich im Vorgarten und einen weiteren in meinem Schrebergarten. Ich überlege, mir einen vierten anzuschaffen.

Ein Teich ist eine komplette, komplexe Welt aus Sonderbarem und Wunderbarem. Sie macht mich glücklich.

Ich setze mich gern an ihr Ufer, um zu essen, in der Sonne zu liegen oder beim Gärtnern eine Pause zu machen. Nach jeder getanen Arbeit gönne ich mir fünf Minuten am Teich. Manchmal habe ich das Glück, einen kleinen Frosch oder einen badenden Vogel beobachten zu dürfen. Dann wieder kommt es vor, dass ich dabei zusehen muss, wie ein Rückenschwimmer eine Fliege lebend verspeist – das Teichleben kann recht grausam sein. Aber das macht es auch so lebendig. Und für mich so faszinierend! Es ist eine komplette, komplexe Welt aus Sonderbarem und Wunderbarem. Sie macht mich glücklich. Und Sie hoffentlich auch.

Von Gras gesäumt
Hohes Gras am Teichrand bietet einer großen Artenvielfalt schützenden Lebensraum.

GESTALTEN

TEICHE PLANEN

Die Planungsphase, bevor ich einen Teich anlege, mag ich sehr: Ich überlege, wo er sein soll, welche Form er bekommt, welche Lebensräume für Tiere ich im und am Wasser schaffe. Besonders gern stelle ich mir vor, wo ich am liebsten lange sitzen und den Teich beobachten möchte. Das spielt bei der Planung eine große Rolle.

Mein Teich liegt in der hinteren, sonnigen Hälfte meines Gartens. Er ist nierenförmig und hat beidseitig einen Strand (siehe S. 24). So habe ich einen guten Überblick über die Wasserfläche und kann vom Küchenfenster aus den Vögeln beim Baden zusehen. Wo der Rasen endet und der Teich beginnt, ist nicht zu sehen. Ich habe auch einen Landeplatz für Libellen angelegt, den aber meist Hausspatzen nutzen. Das Ufer säumen niedrig wachsende Pflanzen – Hornklee, Sumpf-Vergissmeinnicht und Bachbunge. Heimische Unterwasser- und Seichtwasserpflanzen wie Pfeilkraut und Bitterklee wachsen im Teich. Igel haben in einer kleinen Wildblumenwiese Spuren ausgetretener Pfade zum Wasser hinterlassen.

Ich betrachte meinen Teich gern aus mehreren Winkeln: Ich sitze gern auf der Stufe vor meinem Schuppen und frühstücke. Am anderen Ufer schaue ich gern liegend ins Wasser. Vor Kurzem habe ich eine Bank aufgestellt. Dort kann ich stundenlang sitzen und den Teich beobachten. Auf den nächsten Seiten erläutere ich, was bei der Planung zu berücksichtigen ist. Auf S. 30–67 folgen konkrete Projekte.

Teich in Hausnähe
Berücksichtigen Sie schon bei der Planung: Sie verbringen mehr Zeit an einem Teich, wenn er nah am Haus liegt.

GRÖSSE

Wie groß soll der Teich werden? Das hängt ganz davon ab, welchen Stellenwert er im Garten haben und wie viele Tiere er anlocken soll. Je größer er ist, desto mehr Tiere werden sich einfinden. Aber schon ein Miniteich in einem Gefäß dient allerlei Arten als Bleibe.

DURCHMESSER UND TIEFE

Ein tierfreundlicher Teich muss nicht groß und tief sein, denn auch Gewässer, die ohne menschliches Zutun entstehen, bleiben oft klein und flach. Ein 2 m breites und höchstens 30 cm tiefes Gewässer eignet sich bestens für Wirbellose, Amphibien und Co., ganz gleich, ob es sich um einen formalen oder naturnahen Teich handelt. Allerdings muss man ein solches Flachgewässer im Sommer eventuell auffüllen (S. 178) und im Winter verhindern, dass es zufriert (siehe S. 174).

Andererseits: Es ist Ihr Garten. Wenn Sie viel Platz haben und den Teich in den Mittelpunkt rücken möchten, nur zu. Von Springbrunnen bis zu Aussichtsplattformen – ein großes Gewässer bietet viele Möglichkeiten. Bereiche mit tieferem Wasser für Fische und Vögel, flache Stellen für Wirbellose und deren Larven und ein Maximum an Pflanzenarten – Sie haben die Wahl.

Wer Platz hat, legt am besten einen Teich mit verschieden tiefen Bereichen an, mit Sockeln und »Stränden« (seichten Stellen). Das erhöht die Vielfalt an Pflanzen, in denen Wirbellose Nahrung, Zuflucht und Brutplätze finden. Ein Teich ist ein komplexer Lebensraum. Wer ihn so vielfältig wie möglich gestaltet, wird mit einer reichen Fauna belohnt.

MINITEICHE IN GEFÄSSEN

Miniteiche (siehe S. 52–59) eignen sich für kleine Gärten und Terrassen, ja sogar für Balkone. Ein altes Spülbecken oder eine Babybadewanne nehmen weniger

Ein Teich auf der Terrasse
Selbst auf kleinstem Raum bereiten schöne Teichflora und ein paar tierische Gäste viel Freude.

als einen Quadratmeter Platz weg. Sie bieten Säugetieren und Vögeln Trinkwasser und Amphibien und Wirbellosen Brutmöglichkeiten. Ein großer Vorteil: Wer umzieht, kann sie mitnehmen.

DEN GARTENTEICH ABDICHTEN

In diesem Buch liegt der Schwerpunkt auf Folienteichen. Vorgeformte Teichschalen aus Kunststoff finden eher für die Fischhaltung Verwendung. Da sie recht tief sind und keine Flachwasserbereiche, sondern steile Wände haben, lasse ich sie außen vor. Ton- und Betonbecken eignen sich nur für große Teiche.

WIE VIEL FOLIE BRAUCHE ICH?

Um herauszufinden, wie viel Teichfolie (und Vlies als Unterlage) Sie brauchen, multiplizieren Sie einfach die maximale Breite und Länge Ihres Teichs mit der doppelten größten Tiefe. Ist der Teich also 4 m lang, 2 m breit und an der tiefsten Stelle 60 cm tief, rechnen Sie:

Länge: 4 x 1,2 = 4,8

Breite: 2 x 1,2 = 2,4

Runden Sie beide Maße zur Sicherheit auf – in unserem Beispiel kämen Sie also auf eine Bahn von 5 m x 3 m. Wer will, kann auch einen Teichfolienrechner im Internet nutzen.

Der passende Standort
Dieser Teich profitiert vom Schatten eines nahen Baums. Allerdings muss wohl im Herbst etwas Laub herausgefischt werden.

STANDORT

Bevor Sie den Spaten in die Hand nehmen, überlegen Sie sich gut, wo Sie Ihren Teich anlegen. In der Regel leben Sie jahrelang mit dem Gewässer. Es sollte also an seinem Standort toll aussehen und in jeder Jahreszeit top in Form bleiben.

SONNE ODER SCHATTEN?

Im Allgemeinen wählt man für Naturteiche einen sonnigen Platz, denn dort lässt Wärme und Licht Algen schneller wachsen, was Algenfressern wie Kaulquappen, Wasserflöhen und Teichschnecken zugutekommt. Bei zu starkem Algenwachstum kann es allerdings Probleme geben (siehe S. 172–173). Auch senkt zu viel Sonne im Sommer den Wasserspiegel zu stark, vor allem in kleinen und flachen Gewässern.

Andererseits gibt es in Teichen, die ganz im Schatten liegen, weniger Tiere.

Ideal ist ein Wechsel aus Sonne und Schatten. Mein Garten ist nach Westen ausgerichtet. Mein Teich bekommt morgens einige Stunden Sonne und liegt den Rest des Tags teilweise im Schatten. Das senkt die Gefahr der Algenblüte und verhindert ein zu schnelles Sinken des Wasserspiegels, während die Sonnenanbeter der Teichfauna sich dennoch wohlfühlen.

BÄUME AM TEICH

Unter Laubbäumen sind Teiche nicht ratsam. Sie spenden zwar im Sommer dringend benötigten Schatten, doch im Herbst haben Sie dann große Mühe, das Laub aus dem Wasser zu fischen. Ein paar Blätter schaden nicht, größere Mengen aber verwandeln das Wasser in eine klumpige Brühe und verursachen im Winter Probleme, wenn es zufriert. Baumwurzeln erschweren das Ausheben des Erdreichs, können die Form negativ beeinflussen und die Folie durchbohren.

WAS GEFÄLLT IHNEN AM BESTEN?

Wie wirkt sich der Teich auf den restlichen Garten aus? Sind Sie bereit, einen Teil Ihrer Zierpfanzenbeete für ihn zu opfern? Können Sie noch Fußball und Federball spielen oder picknicken? Wie wirkt der Teich, wenn man den Garten von der Terrassentür aus betrachtet? Denken Sie auch daran, wo Sie Sitzgelegenheiten schaffen möchten, um Ihr neues Gewässer optimal auszukosten.

Beziehen Sie Kinder oder Enkel in Ihre Überlegungen mit ein, selbst wenn es sie noch gar nicht gibt. Lässt sich der Teich so platzieren, dass Kinder sicher im Garten spielen können? Falls nicht: Ist Platz für einen Zaun um den Teich? Teiche locken Kinder magisch an, aber gerade die Kleinsten dürfen nicht allein ans Wasser.

DIE TEICHFORM

Wie gut ein Teich von der Tierwelt angenommen wird, kann auch von seiner Form abhängen. Nierenförmige Gewässer eignen sich in der Regel am besten. Aber auch Ihnen muss die Form des Teichs gefallen. Berücksichtigen Sie bei der Planung den Stil Ihres Gartens. Was passt am besten zu Ihrem Grundstück?

Als Faustregel gilt: Durch gewellte Ränder entstehen zusätzliche Seichtwasserbereiche, die Tiere anlocken und als Mikrolebensräume die Artenvielfalt erhöhen. Ein geradlinig angelegter Teich bietet das nicht, selbst wenn er Flachwasserareale aufweist. Eine formal exakte Randgestaltung mit Terrassendielen oder Pflastersteinen (siehe S. 42–51) betont die Teichform stärker als ein naturbelassenes Ufer mit einer Vegetation, die über den Teichrand hinaus und auch ins Wasser wächst (siehe S. 32–41).

RECHTECKIG ODER QUADRATISCH

Diese Teiche passen eher zu geometrisch-formalen Gärten. Sie werden meist mit einem Pflaster- oder Holzrand eingefasst. Manchmal legt man sie auch erhöht an, damit man auf dem Rand sitzen kann. Die Möglichkeiten, Sockel und Seichtwasserbereiche anzulegen, sind beschränkt: Säugetiere und Amphibien brauchen Steine, Äste oder Leitern als Zugang zum Wasser.

RUND

Symmetrisch runde Teiche bieten sich ebenfalls für geometrisch-formale Gärten an, lassen sich jedoch auch tierfreundlich anlegen. Man kann einen Strand, Äste oder Wurzeln und ein paar Flachwasserbereiche hinzufügen – Wirbellose werden es Ihnen danken. Durch einen gewellten Rand schafft man sogar Mikrohabitate.

UNREGELMÄSSIG ODER NIERENFÖRMIG

Diese Form ist ideal für Naturteiche, denn sie bietet reichlich Möglichkeiten, verschiedene Lebensräume wie Flachwasserbereiche, Sockel, Strände und begrünte Ufer anzulegen. Durch große Steine, Äste oder anderes Totholz entstehen noch vielfältigere Habitate für eine größtmögliche Artenvielfalt.

rechteckig

rund

unregelmäßig oder nierenförmig

EXTRAS FÜR IHREN TEICH

Teiche sind für sich allein schon fantastische Lebensräume. Noch einladender für die Tierwelt aber werden sie, wenn man im und am Wasser weitere Elemente hinzufügt. Diese machen die Habitate größer oder vielfältiger und verknüpfen das Gewässer mit der Gartenumgebung.

SPRINGBRUNNEN ODER PUMPE

Teiche brauchen nicht unbedingt ein Wasserspiel und Filtriersystem zur Anreicherung des Wassers mit Sauerstoff. Das gilt nur für Fischteiche, in denen tierische Ausscheidungen und überschüssige Nahrung zum Absinken des Sauerstoffgehalts und einem hohen Nitratspiegel im Wasser führen. Reizvolle Extras in einem Naturteich sind ein Springbrunnen oder kleiner Wasserfall. Sie plätschern angenehm und reichern das Wasser mit Sauerstoff an. In formalen Teichen kann ein Springbrunnen zum Mittelpunkt werden. Aufwendigere Wasserspiele sollten Profis installieren, doch es gibt auch einfache solarbetriebene Springbrunnen, die auf dem Wasser schwimmen.

STRAND

Ein Kieselstrand an einem sonnigen Uferabschnitt ist die ideale Kinderstube für Kaulquappen, die hier Nahrung und Zuflucht finden. Sie halten sich gern in Flachwasser auf, da es dort wärmer ist und sich ihre Hauptnahrungsquelle, Algen, schneller vermehrt. Kiesel sind der perfekte Lebensraum für Algen, während sich Kaulquappen gern in den Ritzen verstecken. Vögeln bieten Strände einen übersichtlichen, seichten Platz zum Baden.

LANDEPLATZ FÜR LIBELLEN

Ein Landeplatz für Libellen darf in einem Naturteich nicht fehlen. Gut eignen sich gebogene, kräftige Äste, die beim Baumschnitt anfallen. Den Ast steckt neben dem Gewässer in den Boden. Libellen nutzen ihn zum Jagen oder um ihr Territorium gegen konkurrierende Männchen zu verteidigen. Auch Vögel lassen sich gern darauf nieder, weshalb er gut in das Erdreich gedrückt werden sollte (durchlöchern Sie dabei aber die Teichfolie nicht). Holzstöße an einem sonnigen Platz in Ufernähe sind ebenfalls Lieblingsplätze für Libellen.

HOLZSTAPEL

Schichten Sie ein paar Holzreste in Teichnähe auf – sie locken zahlreiche Tiere an. Käfer und andere Wirbellose verkriechen sich in den Hohlräumen zwischen den Holzstücken und auch zwischen der sich ablösenden Borke und dem Holz. Auch den Amphibien gefallen die feuchten

Springbrunnen oder Pumpe

Strandbereich

Kaulquappen suchen das seichte Wasser, denn dort ist der Teich am wärmsten.

Landeplatz für Libellen

Holzstapel

Zuflucht für Reptilien

Kompost

Schichten Sie Holz auf – manche Wirbellose vermehren sich in einem feuchten, faulenden Stoß.

Steinhaufen

Wildblumenwiese

Verstecke in den Stapeln. Liegt das Holz in der Sonne, finden sich vielleicht ein paar sonnenbadende Insekten und Reptilien ein. Wer die Möglichkeit hat, kann einen Holzstapel in der Sonne und einen weiteren im Schatten aufschichten, um die Biodiversität zusätzlich zu erhöhen. Holzstöße dienen Amphibien, Reptilien, kleinen Säugetieren und sogar Vögeln als Zufluchtsorte, unter anderem vor Katzen. Wirbellose dagegen finden in feuchtem, verrottendem Holz Brutplätze.

KOMPOSTHAUFEN

Offene Komposthaufen sind nicht nur eine Bereicherung eines jedes Nutzgartens, sondern auch ein Lebensraum für Amphibien und andere Tiere. Sie können sich darin verstecken, Wirbellose jagen und überwintern. Manche Reptilien werden von der Wärme angezogen und brüten mit etwas Glück sogar im Kompost. Achten Sie beim Wenden aber darauf, Amphibien und Reptilien nicht zu verletzen.

STEINHAUFEN

In feuchten Hohlräumen von Steinhaufen können sich Amphibien vor Fressfeinden verstecken und Nahrung finden; schon ein kleiner Haufen reicht aus. Man kann den Teich mit größeren Steinen säumen und Trockensteinmauern als zusätzliche Lebensräume errichten.

SCHLUPFWINKEL FÜR REPTILIEN

Schieferplatten, Wellblechteile und Teppichreste dienen an sonnigen Stellen in Teichnähe wechselwarmen Reptilien wie Blindschleichen und Ringelnattern als geschützte Plätze zum Aufwärmen. Auch Wirbellose, von denen sich Reptilien und Co. ernähren, finden sich gern dort ein.

WILDBLUMEN

Einheimische Blumen in Teichnähe locken bestäubende Insekten an und erhöhen die Biodiversität. Davon wiederum profitieren Fledermäuse, die sich schon die vielen Mücken aus dem Wasser schmecken lassen.

Säen Sie im Frühjahr und Herbst Wildblumensamen aus. Inzwischen gibt es Rollrasen mit Kräutern, Gräsern und Wildblumen, den man im Herbst oder Frühjahr um den Teich auslegt. Bereiten Sie die Fläche vor, indem Sie mehrjähriges Unkraut entfernen und den Boden harken. Verlegen Sie die Bahnen möglichst eng, da sie etwas schrumpfen und so Lücken entstehen. Gießen Sie sie gut an und wässern Sie sie alle paar Tage, falls kein Regen vorhergesagt ist. Bis die Wiese eingewachsen ist, sollte Sie sie nicht betreten. Oder Sie lassen das Gras am Teich einfach lang werden und schauen, welche Wildblumen erscheinen. Es ist erstaunlich, wie viele Arten sich von selbst aussäen, wenn man sie lässt.

ANLEGEN

EINFÜHRUNG

DER RICHTIGE TEICH AM RICHTIGEN ORT

Meine drei Teiche unterscheiden sich stark voneinander. Im Garten hinter dem Haus habe ich ein nierenförmiges Gewässer, im Schrebergarten einen seichten, runden Teich und im Vorgarten ein ausrangiertes Spülbecken mit ein paar Wasserpflanzen und einer Froschleiter.

Jeder meiner Teiche ist für seine Umgebung maßgeschneidert. Hinter dem Haus habe ich ein tieferes Gewässer angelegt, weil ich Kröten anlocken wollte. Sie bevorzugen zum Laichen größere Teiche mit Fischen. Zwar gibt es in meinem Teich keine Fische (sorry, ihr Kröten), aber Fröschen und Kröten scheint er zu gefallen, ebenso wie Igeln, Vögeln und Wirbellosen.

Mein Teich im Schrebergarten ist kleiner und seichter, weil dort nicht genug Platz ist und ich ein optimales Habitat für Frösche, Wirbellose und ihre Larven schaffen wollte. Bei den Fröschen hatte ich in der Tat großen Erfolg: Sie entdeckten ihn im ersten Sommer für sich und laichten im zweiten Jahr darin. Im vergangenen Frühjahr habe ich zwölf Laichballen gezählt.

In meinem kleinen Vorgarten ist ein Miniteich mit Zugang für Amphibien, Igel, Füchse und Vögel, die es nicht bis in den Garten hinter dem Haus schaffen. Immer wieder beobachte ich darin Mückenlarven, Nahrung für Libellennymphen. Über die Teichpflanzen fanden Wasserschnecken ihren Weg ins Becken. Ich setze mich manchmal in meinen Vorgarten und sehe sie unter der Oberfläche dahingleiten.

Großer Gartenteich
Dank großer Pflanzenvielfalt siedeln sich viele Tierarten an.

TIERFREUNDLICHKEIT 10/10 **ANLEGEZEIT** 1–2 Tage **PFLEGEAUFWAND** 5/10

Projekt 1

NATURTEICH

Naturteiche sind, wie ihr Name schon sagt, möglichst naturnah gestaltet. Sie sind Weihern und anderen Gewässern in der freien Natur nachempfunden und idealerweise mit vielerlei Uferpflanzen begrünt. Die Teichfolie ist nicht sichtbar. Naturteiche locken zahlreiche Tiere an, darunter Amphibien, Reptilien, Vögel und Säugetiere, aber auch eine Vielzahl so wunderschöner wie bizarrer Wirbelloser.

SIE BRAUCHEN

- Gartenschlauch oder Schnur
- Spaten
- lange Holzlatte und Wasserwaage
- 2 Bahnen Teichvlies, die groß genug sind, um den Teich zweimal auszulegen (siehe S. 21)
- eine große Teichfolie, mit der sich die gesamte Grube auskleiden lässt (siehe S. 21)
- Eimer und Pflanzkelle
- Steine, Hölzer und einen langen Ast
- Küchenschere
- Pflanzen (siehe S. 35)
- Rollrasen für eine Blumenwiese oder Uferpflanzen

Teichleben
Grasbewachsene Ränder wirken natürlich und dienen jungen Fröschen sowie laichenden Kröten als Zuflucht vor Feinden (links).
Zwischen Steinen am Ufer und unter Wasser können sich Amphibien verstecken (ganz links, oben und unten).

QUERSCHNITT

Ein Naturteich hat flache Ränder, sodass Säugetiere gefahrlos ins Wasser hinein- und wieder herauskommen. Außerdem braucht er Flachwasserstellen, in denen Vögel baden und Insekten sich fortpflanzen können. Nicht fehlen dürfen heimische Pflanzen, wie sie auch an natürlichen Gewässern vorkommen (siehe S. 176). Anstelle eines befestigten Ufers säumen den Teich Gräser, niedrige Stauden oder Wildblumenwiesen (siehe S. 27), die Tieren einen Lebensraum bieten. Der Wasserspiegel kann stark schwanken, da Pflanzen am Ufer dem Teich Wasser entziehen.

Durch einen Trick erhält der Teich ein komplett natürliches Aussehen: Eine zweite Lage Vlies wird über statt unter die Folie gelegt und mit einer dicken Schicht aus nährstoffarmem Unterboden aus dem

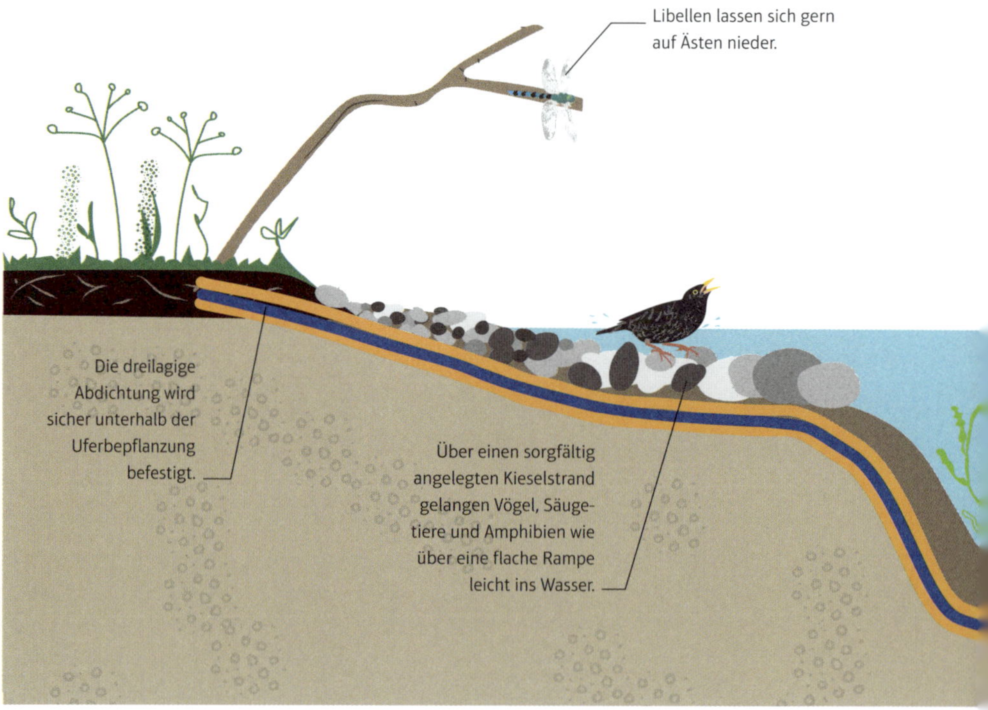

Uferpflanzen wurzeln im Teich, ein Plus für natürliche Schönheit.

ausgehobenen Teichgrund bedeckt. Darin finden Pflanzenwurzeln guten Halt. Das Wasser bleibt zwar noch einige Monate lang trüb, aber die Wurzeln bilden bald ein festes Geflecht.

EMPFEHLENSWERTE PFLANZEN

UFER- & SEICHTWASSERPFLANZEN:
Sumpfdotterblume (*Caltha palustris*), **Bachbunge** (*Veronica beccabunga*), **Sumpf-Vergissmeinnicht** (*Myosotis scorpioides*)

SCHWIMM- & UNTERWASSERPFLANZEN:
Krauses Laichkraut (*Potamogeton crispus*), **Wasserfeder** (*Hottonia palustris*)

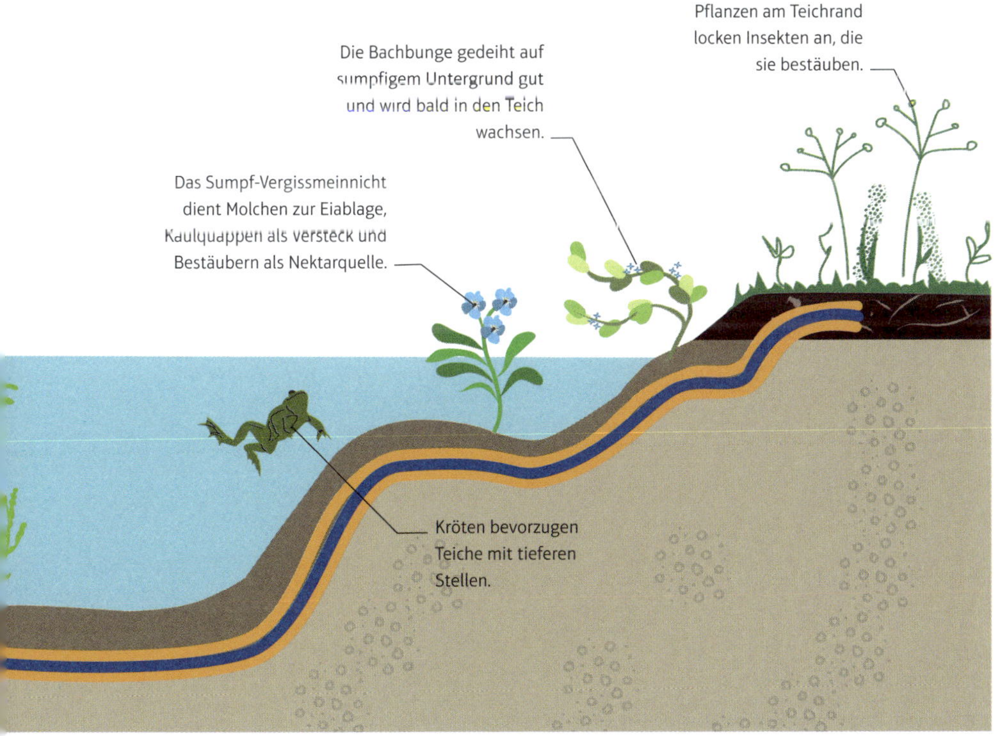

SCHRITT FÜR SCHRITT ZUM NATURTEICH

SCHRITT 1

Wählen Sie sorgfältig aus, an welcher Stelle Sie Ihren Teich anlegen. Er sollte im Frühjahr während der Laichzeit in der Sonne liegen. Im Sommer ist etwas Halbschatten ideal, damit er nicht austrocknet. Mit dem Gartenschlauch oder einer Schnur markieren Sie den Umriss.

SCHRITT 2

Graben Sie zuerst die Teichmitte, etwa 60 cm tief. Dann legen Sie Stufen an. Vom Ufer aus sollte der Teich sanft abfallen, er braucht nicht tiefer als 10–30 cm zu sein. Flachwasserstellen sind für Tiere sehr wichtig: Vögel nutzen sie zum Baden, Säugetiere zum Trinken und Amphibien sowie Wirbellose für die Eiablage.

SCHRITT 3

Die Teichränder müssen rundum auf gleicher Höhe sein. Sie können das prüfen, indem Sie eine Latte über die Grube legen und mit einer Wasserwaage schauen, ob sie exakt horizontal ausgerichtet ist. Beim Ausheben folgt auf den dunklen Oberboden der hellere Unterboden. Sobald Sie mit Form und Tiefe des Teichs zufrieden sind, entfernen Sie alle Steine und scharfen Gegenstände aus der Mulde, damit Teichvlies und -folie später keine Löcher bekommen.

Mit Schnur oder Schlauch die Position und die Form des Teichs festlegen.

Verändern Sie die Form beliebig oft, bis Sie mit dem Ergebnis zufrieden sind.

Mit einem Spaten Stufen ausheben, oben sanft abfallend.

Sockel für Töpfe brauchen Sie nicht anzulegen, denn Sie nehmen die Pflanzen aus ihren Behältern und pflanzen sie ein.

Oberboden

Häufen Sie den Unterboden an einer Seite neben der Grube auf, denn er wird später noch gebraucht.

Prüfen Sie regelmäßig, ob die Ränder überall gleich hoch sind.

SCHRITT 4

Legen Sie das Teichvlies so in die Mulde, dass es überall etwa 50 cm übersteht. Anschließend steigen Sie vorsichtig und am besten ohne Schuhe in die Grube. Sie drücken das Vlies gut an und glätten – falls nötig – Falten. Das überschüssige Vlies noch nicht abschneiden! Nun ist die Teichfolie an der Reihe: Sie wird über das Vlies gelegt und so geglättet, dass sie gut anliegt. Steigen Sie aus der Grube und prüfen Sie, ob die Folie das Vlies vollständig bedeckt.

SCHRITT 5

Nun platzieren Sie die zweite Vliesbahn über der Teichfolie. Achten Sie wie schon zuvor darauf, dass sie gut anliegt und möglichst keine Falten bildet. Legen Sie dann Steine auf Folie und Vliesbahnen, damit sie nicht verrutschen.

SCHRITT 6

Füllen Sie Ihren Eimer mit dem neben dem Teich aufgehäuften Unterboden. Es kann hilfreich sein, die Erde etwas anzufeuchten, damit sie formbar und leicht klebrig wird. Beginnen Sie, im tiefsten Bereich des Teichs mit der Handschaufel eine rund 10 cm dicke Schicht Unterboden auf dem Vlies zu verteilen, bis es komplett bedeckt ist. Das ist eine ziemlich schmutzige Angelegenheit, macht aber auch viel Spaß.

Die Folie gut überstehen lassen und erst zuschneiden, wenn der Teich gefüllt ist ist. Das Gewicht des Wassers zieht sie etwas nach unten.

die Teichfolie

die erste Lage Teichvlies

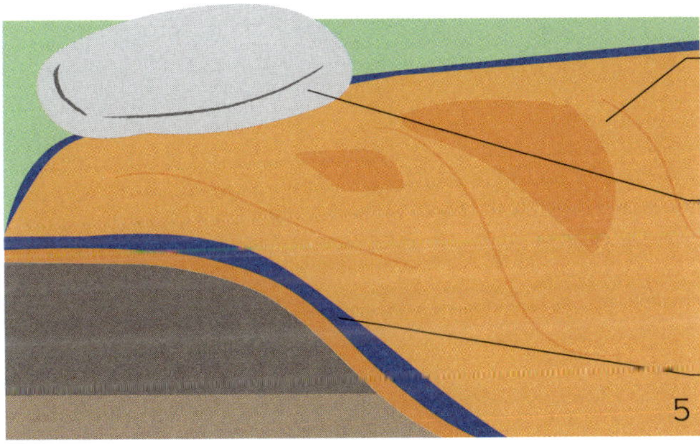

Die zweite Lage Teichvlies kommt über die Folie.

Damit bei der Arbeit nichts verrutscht, legen Sie Steine ohne scharfe Kanten auf Vliese und Folie.

Unter und über der Teichfolie liegen Teichvliese.

Die Steine liegen lassen, bis die Unterbodenschicht bis zum Rand reicht!

Den Unterboden mit dem Rücken der Handschaufel gut andrücken!

Da Unterboden weniger Nährstoffe enthält als Oberboden, bilden sich später weniger Algen.

SCHRITT 7

Jetzt wird es Zeit, den Teich auszustatten. Legen Sie einen flachen Strand aus Steinen an, die Sie fest in den Schlamm drücken. Als Sitzplatz oder Versteck für Tiere können Sie Holzstücke dazulegen. Wenn Sie einen langen Ast haben, stecken Sie ihn als Libellenlandeplatz neben dem Teich in die Erde und lassen ihn über das Wasser ragen. Dabei nicht die Teichfolie durchstechen!

SCHRITT 8

Nehmen Sie die Seichtwasserpflanzen aus ihren Behältern. Trennen Sie die Wurzelballen und pflanzen Sie sie einzeln in den Uferschlamm. Beachten Sie für jede Art die optimale Pflanztiefe (siehe S. 72–73). Setzen Sie die Wurzeln tief in den Schlamm. Anfangs machen die Pflanzen noch nicht viel her, aber sie wachsen schnell.

SCHRITT 9

Nun füllen Sie den Teich – am besten mit Regenwasser, aber auch Leitungswasser geht (siehe S. 178). Sobald er voll ist, können Sie die zu langen Folien- und Vliesränder kürzen. Schneiden Sie von der oberen Vliesbahn mehr weg als von der Folie, damit sie nicht wie ein Docht das Wasser aus dem Teich zieht. Dann gestalten Sie das Ufer so, wie Sie möchten, mit Pflanzen oder Rasen. Rollbahnen für Blumenwiesen oder Rasen (siehe S. 27) verlegt man um den Rand. Dann andrücken und Überstehendes abschneiden!

Naturteiche profitieren von Kieselstränden. Variieren Sie die Formen und Größen der Steine.

Die Zwischenräume zwischen den Steinen sind wichtige Rückzugsorte für Wirbellose.

Den Schlamm vor dem Bepflanzen glätten, damit das Vlies nicht zu sehen ist.

Die Pflanzen so in den Schlamm setzen, dass die Wurzeln kompett unter der Erde sind.

Aus Rollbahnen für Blumenwiesen entsteht am Ufer ein tierfreundliches Biotop. Wiesen werden im Sommer aber hoch und sollten daher nicht den ganzen Teich umgeben.

Anfangs ist das Teichwasser meist noch trüb vom Schlamm. Mit der Zeit klärt es sich und die Pflanzen gedeihen.

TIERFREUNDLICHKEIT 6/10 **BAUZEIT** 2–3 Tage **PFLEGEAUFWAND** 4/10

Projekt 2

FORMALER TEICH

Ein formaler Teich, auch geometrischer oder Zierteich genannt, ist meist quadratisch bzw. rechteckig und dient in einem Garten oft als zentraler Blickfang. Man kann ihn erhöht oder - wie hier - ebenerdig und mit Steinplatten eingefasst anlegen. Er enthält zwar in der Regel weniger Pflanzen als ein Naturteich, kann aber trotzdem Tieren Lebensaum bieten, vorausgesetzt, er ist gut zugänglich und hat einen Flachwasserbereich.

SIE BRAUCHEN

Maßband, Schlauch oder Schnur

Stäbe zum Markieren der Ecken

Spaten

Brett oder Latte und Wasserwaage

Teichvlies zum Auskleiden des gesamten Teichs (siehe S. 21)

Teichfolie für die gesamte Teichfläche (siehe S. 21)

Pflöcke

Küchenschere

Zement, Sand und Kies zum Mischen von Beton und Mörtel

Maurerkelle

Steinplatten als Einfassung

Pflanzen (siehe S. 45)

Formale Teiche
Unter dem Steg zwischen zwei quadratischen Teichen können sich Tiere verkriechen (links). Mit einem Springbrunnen oder Wasserfall schaffen Sie einen Blickfang (ganz links, oben). Runde Teiche setzen geometrische Akzente (ganz links, unten).

Viele glauben, formale Teiche müssten tiefer als Naturteiche sein, dabei reichen 60 cm völlig aus. Im Gegensatz zu Naturteichen lässt sich das Wasser mit einem Pumpen- und Filtriersystem klar halten, das meist als Springbrunnen oder Wasserfall getarnt ist (siehe S. 24). Damit ein Zierteich nicht zur tödlichen Falle für Tiere wird, sollte er einen Zugang zum Wasser haben. Oft reicht schon ein großer Stein oder eine gerillte Holzrampe am Ufer. Gefährlich kann für Amphibien im Sommer auch eine Einfassung aus Steinplatten werden. Sie erhitzt sich so stark, dass die Tiere festkleben, wenn sie

Ein Teich im Halbschatten erleichtert bei Hitze Amphibien das Leben.

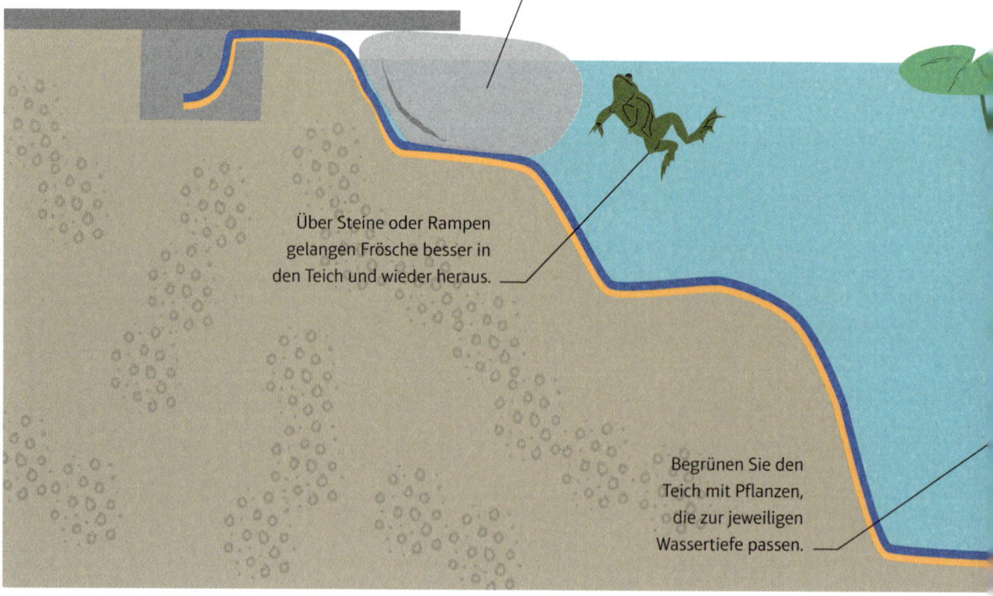

den Teich verlassen. Deshalb legt man das Gewässer am besten im Halbschatten an. Der hier beschriebene leicht abgesenkte Teich mit Flachwasserbereich ist für Tiere ungefährlich.

Wie Wasserpumpen installiert werden, hängt vom jeweiligen Fabrikat ab. Beachten Sie deshalb die Installationsanleitungen der Hersteller.

EMPFEHLENSWERTE PFLANZEN

UFER- & SEICHTWASSERPFLANZEN:
Sumpf-Schwertlilie (*Iris pseudacorus*)

SCHWIMM- & UNTERWASSERPFLANZEN:
Raues Hornblatt (*Ceratophyllum demersum*), **Seerosen** (*Nymphaea*)

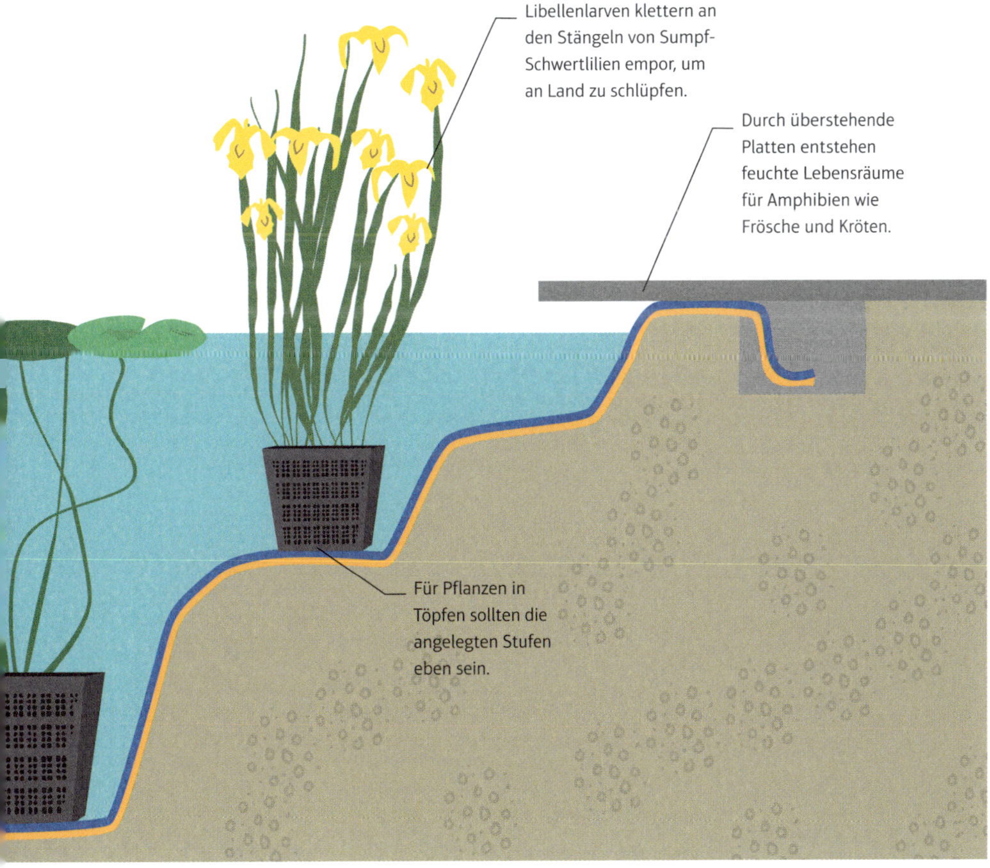

SCHRITT FÜR SCHRITT ZUM FORMALEN TEICH

SCHRITT 1

Wer eine Pumpe oder ein Wasserspiel installieren möchte, wendet sich am besten an einen Handwerksbetrieb. Den Teich aber können Sie selbst anlegen. Mit Maßband und Schnur markieren Sie den Gewässerumriss – einmal mit und einmal ohne Einfassung. Markieren Sie vom Teichrand aus die Tiefe der drei Stufen: 60 cm, 30 cm und 15 cm.

SCHRITT 2

Heben Sie den äußeren Bereich 10 cm tief aus. In diesen Graben kommt die Betonmischung für das Fundament der Einfassung. Der Rand muss überall auf gleicher Höhe sein – nivellieren Sie ihn mit Pflöcken. Zuerst wird ein Referenzpflock eingeschlagen, an dem Sie alle anderen mit Latte und Wasserwaage ausrichten.

SCHRITT 3

Heben Sie die Teichmulde aus. Lassen Sie 10 cm Abstand zwischen Teichrand und Graben. Arbeiten Sie von außen nach innen und orientieren Sie sich an den Markierungen für die Tiefenstufen. Die Wände der Mulde sollten leicht abgeschrägt verlaufen. Jede Stufe muss so breit sein, dass Pflanzkörbe darauf Platz haben. Prüfen Sie mit Wasserwaage und Latte immer wieder, ob Teichrand und Stufen exakt horizontal sind.

Legen Sie Umriss und Tiefe des Teichs in Ruhe fest; das erleichtert das spätere Ausheben und Formen.

Markieren Sie zuerst die Umrisse von Teich und Einfassung.

Mit Pflöcken kennzeichnen Sie die Ecken.

Der Graben wird später mit Beton gefüllt und dient als Fundament für die Einfassung.

Die Pflöcke richten Sie mit einer Wasserwaage und Latte so aus, dass sie rund um den Teich gleich hoch sind.

Der Graben fasst den gesamten Teich ein.

Der 10 cm breite Streifen zwischen Graben und Teichrand bildet einen Wall. Darüber wird später die Teichfolie gelegt und ihr Ende im Graben einbetoniert.

SCHRITT 4

Entfernen Sie Steine und spitze Gegenstände wie Glasscherben, damit sie kein Loch in die Auskleidung stechen. Legen Sie das Vlies in die Mulde und über den Randsockel. Ziehen Sie die Schuhe aus, steigen Sie in den Teich und streichen Sie das Vlies glatt; an manchen Stellen muss es ggf. gefaltet werden. Auf das Vlies kommt die Folie. Sie wird, falls nötig, mit Steinen beschwert. Schneiden Sie die überstehenden Ränder noch nicht ab – lassen Sie sie im Graben liegen!

SCHRITT 5

Füllen Sie nach und nach Wasser in den Teich. Glätten Sie dabei Falten in Folie und Vlies am Rand immer wieder. In den Ecken dagegen müssen die Falten gut sitzen. Füllen Sie den Teich nur zu zwei Dritteln, damit Sie die Platten der Einfassung verlegen können, ohne ins Wasser zu steigen. Schneiden Sie die über den Graben hinausragenden Ränder von Folie und Vlies ab.

SCHRITT 6

Mischen Sie den Beton nach den Herstellerangaben und gießen Sie ihn so in den Graben um den Teichrand, dass der Rand von Vlies und Folie darin versenkt ist. Der Betonsockel muss rundum exakt mit der Oberkante des Grabens abschließen. Nun lässt man ihn mindestens 24 Stunden lang aushärten.

Vlies und Folie müssen eng am Boden anliegen und über den Sockel und den Graben gelegt werden.

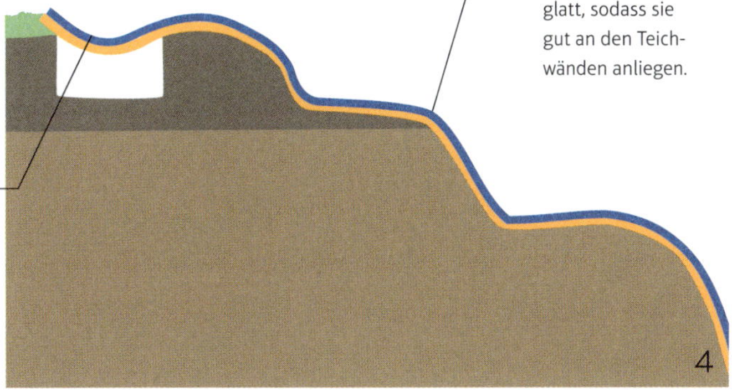

Streichen Sie die Auskleidungen glatt, sodass sie gut an den Teichwänden anliegen.

Nach dem Einfüllen des Wassers und dem Glätten der Folie muss der Rand von Vlies und Folie in den Graben hineinragen.

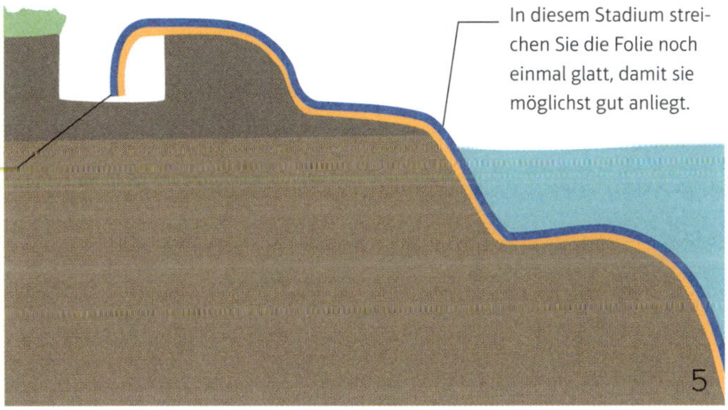

In diesem Stadium streichen Sie die Folie noch einmal glatt, damit sie möglichst gut anliegt.

Mischen Sie Beton nach den Herstellerangaben aus Zement, Kies und Wasser.

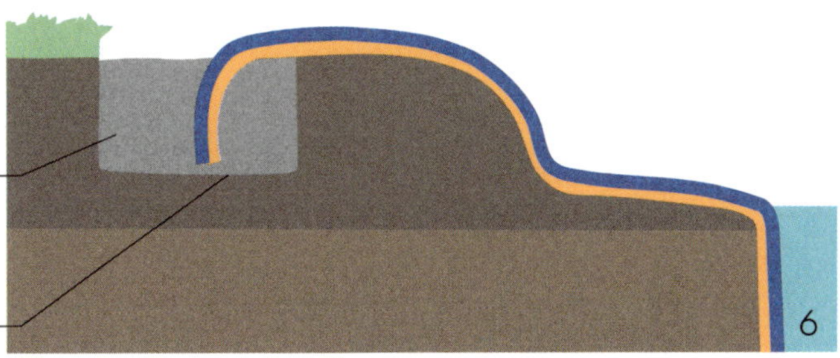

Lassen Sie den Beton 24 Stunden lang aushärten.

SCHRITT 7

Sobald der Beton ausgehärtet ist, mischen Sie aus vier Teilen Sand und einem Teil Zement den Mörtel. Verteilen Sie ihn auf dem Betonsockel und verlegen Sie die Steinplatten darauf. Lassen Sie zwischen den Platten 10 mm breite Fugen. Die Platten müssen 5 cm weit in den Teich hineinragen, damit man die Folie darunter nicht sieht. Richten Sie die Platten aus und streichen Sie mit einer Kelle Mörtel in die Fugen.

SCHRITT 8

Die Lücke zwischen Platten und Folie darunter muss nicht verfugt werden: Dieser kühle, dunkle Winkel ist ein ideales Habitat für Amphibien. Soll der Abschluss aber ganz sauber werden, können Sie die Lücke auch mit Mörtel füllen. Dazu senken Sie den Wasserspiegel, klettern in den Teich, ohne die Platten zu verschieben, und mörteln sie zu. Es dürfen keine Mörtelreste auf der Folie bleiben, denn sie sind giftig für Pflanzen und Tiere. Nun lässt man den Mörtel 24 Stunden trocknen.

SCHRITT 9

Füllen Sie den Teich wieder auf, setzen Sie die Teichpflanzen in Kübel und stellen Sie sie auf die für sie geeignete Stufe (siehe S. 72–73). Zum Schluss stellen Sie einen großen Stein auf die obere Stufe mit etwa 15 cm Wassertiefe, sodass Säugetiere sicher ins Wasser und wieder hinausgelangen können.

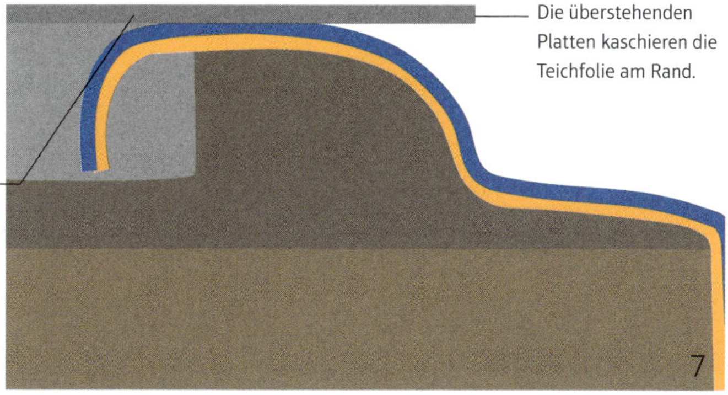

Je exakter und gleichmäßiger die Fugen zwischen den Platten, desto schöner der Gesamteindruck des Teichs.

Die überstehenden Platten kaschieren die Teichfolie am Rand.

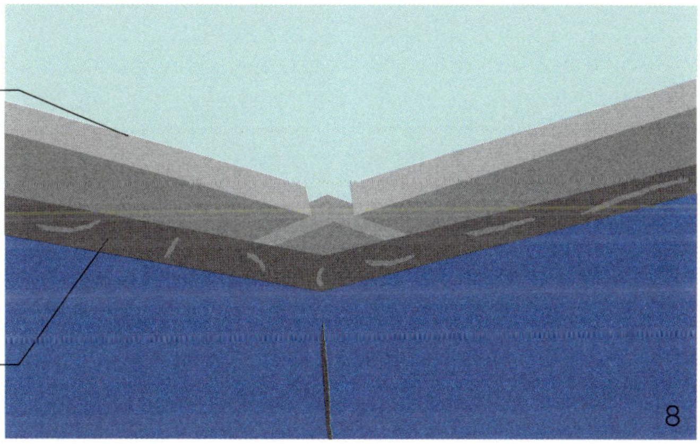

überstehende Steinplatten

Die Steinplatten liegen auf der Mörtelschicht auf. Wischen Sie Mörtelreste auf der Folie weg, bevor Sie den Teich wieder mit Wasser auffüllen.

Über Steine kommen Tiere ins Wasser und wieder heraus.

Pflanzen halten das Wasser klar. Sind genug Arten vorhanden, brauchen Sie vielleicht gar keine Pumpe.

TIERFREUNDLICHKEIT 4/10 **BAUZEIT** Halber Tag **PFLEGEAUFWAND** 7/10

Projekt 3

MINITEICH

Wer keinen Freilandteich anlegen will, weil er im Garten nicht genug Platz hat oder es sich nicht zutraut, kann sich mit einem einfachen Gefäß behelfen, zum Beispiel einem alten Spülbecken. Es ist erstaunlich, wie viele Tiere ein solches Minigewässer anlockt, von Amphibien bis hin zu Libellen und Insektenlarven. Zudem ist ein Teich im Miniformat eine gute Wasserquelle für durstige Säugetiere.

SIE BRAUCHEN

einen wetterfesten Behälter, etwa ein altes Spülbecken

Stöpsel, ein Stück Teichfolie oder reißfeste Plastikfolie

wasserfestes Silikon

Wasserwaage

Pflanzkelle

Mauerziegel

Steine

Pflanzen (siehe S. 54)

Inspiration für den Miniteich
Alte Spülbecken haben Vintage-Charme und bieten genug Platz für Pflanzen (links).
In den Boden eingelassen wirkt eine ausgemusterte Badewanne gar nicht so klein (ganz links, oben).
Für rustikales Flair sorgt ein altes Holzfass (ganz links, unten).

Damit Ihr Miniteich so tierfreundlich wie möglich wird, bestücken Sie ihn mit Ufer- und Seichtwasserpflanzen, die das Wasser mit Sauerstoff anreichern und sauber halten. Hat das Gefäß steil abfallende Ränder, platziert man am besten Ziegelsteine und andere Materialien im Wasser sowie am Rand, damit Amphibien und kleine Säugetiere gut in den Teich hinein- und auch wieder hinausgelangen.

Ein Miniteich braucht einen halbschattigen Standort. Idealerweise sollte er im Frühjahr etwas Sonne und im Sommer genügend Schatten bekommen. So kann sich das Wasser bei kühler Witterung erwärmen, während es bei Hitze nicht so schnell austrocknet. Sie können das Teichgefäß auch im Boden versenken. Das sorgt für eine gleichmäßigere Wassertemperatur und erleichtert Amphibien, Vögeln und Säugetieren den Zugang. Eine „Leiter" hilft ihnen hinaus.

EMPFEHLENSWERTE PFLANZEN

UFER- & SEICHTWASSERFLANZEN: **Sumpf-Vergissmeinnicht** (*Myosotis scorpioides*)

SCHWIMM- & UNTERWASSERPFLANZEN: **Krebsschere** (*Stratioites aloides*), **Froschbiss** (*Hydrocharis morsus-ranae*)

Versenkt man den Miniteich im Boden, schwankt die Wassertemperatur nicht so stark.

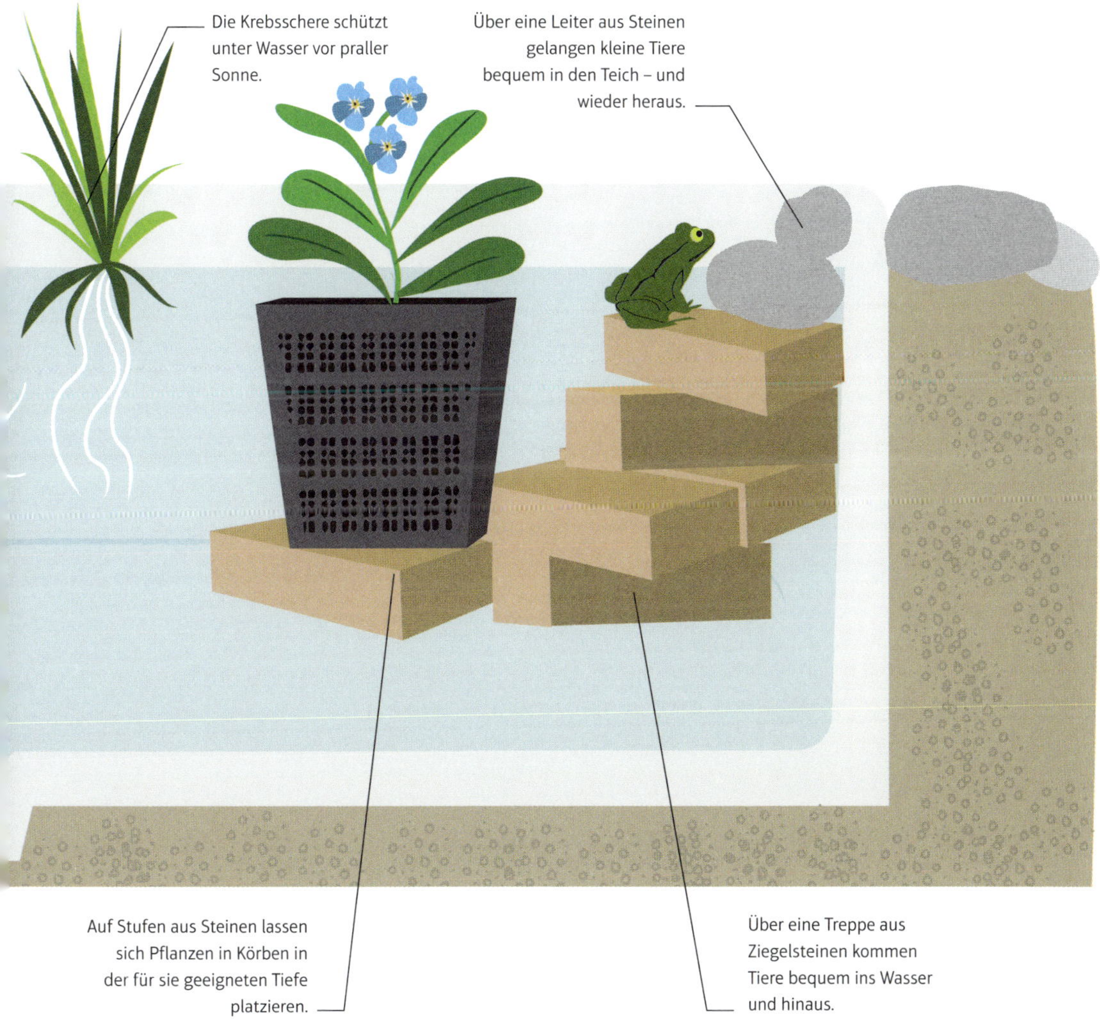

SCHRITT FÜR SCHRITT ZUM MINITEICH

SCHRITT 1

Wer ein Spülbecken verwendet, muss den Abfluss zunächst mit einem Stöpsel verschließen und diesen mit Dichtmasse fixieren. Man kann auch Teich- oder Plastikfolie so zurechtschneiden, dass sie auf den Beckenboden passt, und den Rand mit Dichtmasse wasserdicht versiegeln. Die Masse muss vor dem Befüllen trocknen.

SCHRITT 2

Füllen Sie das Becken teilweise mit Wasser, um zu prüfen, ob es dicht ist. Es darf nicht das kleinste Leck haben. Lassen Sie es einige Stunden stehen und sehen Sie nach, ob es darunter feucht ist. Es kann sein, dass Sie nachversiegeln müssen.

SCHRITT 3

Zum Eingraben ritzen Sie zunächst den Umriss des Beckens mit einer Handschaufel in den Boden. Heben Sie das Loch nicht ganz so tief aus, wie das Becken hoch ist, damit es ein wenig aus der Erde herausragt. So können Tiere das Gewässer nutzen und es ist noch als Teichgefäß erkennbar. Wer ein natürliches Aussehen bevorzugt, kann das Becken aber auch komplett eingraben. Richten Sie den Rand mithilfe einer Wasserwaage überall gleich hoch aus.

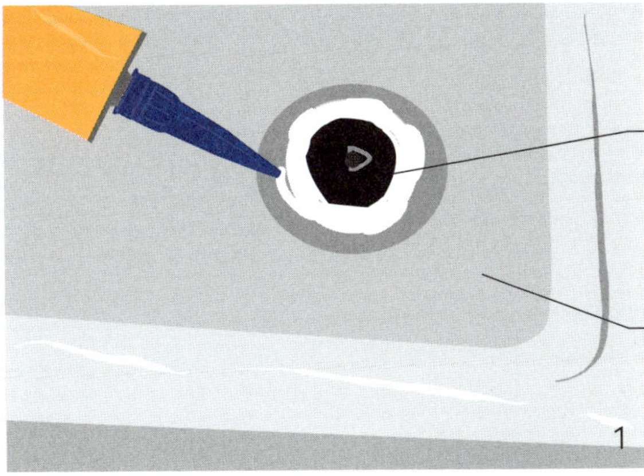

Lasssen Sie die Dichtmasse vollständig trocknen.

Säubern Sie das Innere des Beckens, damit die Dichtmasse gut haftet.

Füllen Sie etwas Wasser ein, um zu prüfen, ob der Miniteich dicht ist.

Lassen Sie sich beim Prüfen Zeit. Der Behälter muss völlig wasserdicht sein, bevor Sie ihn ganz füllen.

Platzieren Sie das Becken stabil in der Erde. Prüfen Sie mit einer Wasserwaage, ob der Boden exakt waagerecht ist.

Den Boden gut festdrücken und erneut prüfen, ob er waagerecht verläuft; ggf. justieren.

SCHRITT 4

Stellen Sie das Becken in das Loch und prüfen Sie, ob es gerade und stabil steht. Stellen Sie Mauersteine hinein. Sie dienen als Sockel für Pflanzgefäße und lassen verschiedene Wassertiefen und Lebensräume für Tiere entstehen. Stellen Sie die Seichtwasserpflanzen in ihren Körben in für sie optimaler Tiefe auf die Steine. Der obere Rand des Pflanzkorbs sollte etwas unter der Wasseroberfläche sein.

SCHRITT 5

Befüllen Sie den Teich vorsichtig – idealerweise mit Regenwasser. Fügen Sie nun Schwimmpflanzen und Sauerstoff spendende Teichvegetation hinzu. Rund zwei Drittel der Wasseroberfläche sollten von Pflanzen bedeckt sein. Für Teiche in Gefäßen eignen sich Froschbiss und Sumpf-Vergissmeinnicht am besten.

SCHRITT 6

Neben einen Beckenrand legen Sie Steine oder Ziegel, damit Tiere ins Wasser und wieder herausgelangen können. Steine dienen Amphibien und Wirbellosen als Einstiegshilfe und zugleich als Versteck. Ist der Teich nicht im Boden versenkt, stapeln Sie Mauerziegel oder andere Materialien innen und außen an einer der Wände auf. Sie können auch kreativ werden und statt Ziegeln ein altes Tau, Tontöpfe oder Holzstücke als Rampe verwenden.

Prüfen Sie vor dem Wassereinfüllen, ob sich der obere Rand der Pflanzkörbe knapp unter dem Teichrand befindet.

Probieren Sie aus und rücken Sie die Pflanzen hin und her, bis Ihnen das Ergebnis gefällt.

Dann legen Sie Schwimmpflanzen wie Froschbiss und Krebsschere ins Wasser.

Zu einer Leiter aufgeschichtete Steine dienen Tieren als Lebensraum und als Verbindung zwischen Land und Wasser.

TIERFREUNDLICHKEIT 5/10 **BAUZEIT** 1 Tag **PFLEGEAUFWAND** 7/10

Projekt 4

WANNENTEICH

Frösche laichen in so gut wie jeder Art von Gewässer, und sei es nur eine Pfütze. Kröten dagegen sind etwas anspruchsvoller. Sie bevorzugen tiefere Teiche, am liebsten mit Fischen darin. Nicht jeder Garten ist groß genug für einen Krötenteich, aber Platz für eine Wanne sollte allemal sein. Sogar ein passendes Biotop lässt sich darin einrichten. Wichtig ist nur, dass die Tiere ungehinderten Zugang haben.

SIE BRAUCHEN

Viehtränke aus Metall, Zinkwanne oder einen anderen großen, mindestens 60 cm hohen Behälter

Dichtmasse für Bäder (falls nötig)

Mauerziegel

Pflanzcontainer

Pflanzen (siehe S. 63)

Wannenteich-Inspirationen
Links: Ein schöner Ausblick ist garantiert, wenn der Wannenteich vor einem Fenster steht. Ganz links, oben: Ein Teich aus einer ausrangierten Viehtränke gewährt Einblick in die Welt unter der Wasseroberfläche. Ganz links, unten: Dieser von Hecke und Beeten umgebene Trog fügt sich harmonisch in den Garten ein.

QUERSCHNITT

Die meisten Miniteiche sind, wie der Name schon sagt, ziemlich klein. Legt man sie aber in einer Wanne an oder in Trögen, die früher als Viehtränken dienten, haben sie wesentlich mehr Volumen. Wannenteiche sind meist lang und tief und beherbergen ein ganz anderes Biotop als in die Erde eingelassene Naturteiche (siehe S. 32–41).

In dieser Großversion eines Miniteichs können sich durchaus Molche und sogar Kröten einfinden, die beide größere Gewässer bevorzugen. Weil Wannen außerdem relativ tief sind, kann man sie abwechslungsreicher und interessanter bepflanzen als kleinere Miniteiche. Zum Beispiel mit Seerosen, die immer alle Blicke auf sich ziehen.

In Wannen bildet sich ein ganz anderes Biotop als in Naturteichen im Gartenboden.

EMPFEHLENSWERTE PFLANZEN

UFER- & SEICHTWASSERFLANZEN:
Sumpfdotterblume (*Caltha palustris*)

SCHWIMM- & UNTERWASSSERPFLANZEN:
Krauses Laichkraut (*Potamogeton crispus*), **Raues Hornblatt** (*Ceratophyllum demersum*),
Seerosen (*Nymphaea*)

SCHRITT FÜR SCHRITT ZUM WANNENTEICH

SCHRITT 1

Stellen Sie die Wanne zuerst an ihren definitiven Standort: Wenn sie voll ist, lässt sie sich nicht mehr bewegen. Ideal ist ein halbschattiger Platz mit Sonne im Frühjahr und Halbschatten im Sommer. So wärmt sich das Wasser in den kalten Monaten auf und wird im Sommer nicht zu heiß.

SCHRITT 2

Füllen Sie die Wanne teilweise mit Wasser, um zu prüfen, ob sie dicht ist. Leckt sie, leert man sie wieder aus, versiegelt Löcher und Risse mit Dichtmasse und lässt die Masse den Herstellerangaben folgend eine gewisse Zeit trocknen.

SCHRITT 3

Stapeln Sie Mauerziegel in der Wanne. Darauf stellen Sie später Seerosen (siehe Schritt 4). Stapeln Sie an einem Ende mehr Ziegel. So schaffen Sie einen Flachwasserbereich, in dem Vögel baden und Amphibien sicher ins Wasser und wieder hinausgelangen.

Ein Ort mit etwas Sonne, der aber bei der größten Sommerhitze etwas Schatten bekommt, ist der perfekte Standort für einen Wannenteich.

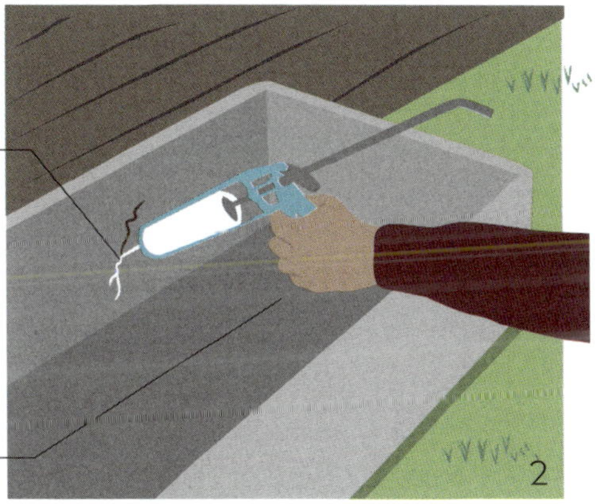

Schließen Sie Risse mit Dichtmasse und lassen Sie die Masse gut trocknen.

Die Wanne muss sauber sein und darf keine scharfen Kanten haben.

Stufig gestapelte Ziegel an einem Ende dienen Tieren als Trittsteine.

Probieren Sie aus, wo Ihre Wasserpflanzen auf Sockeln stehen sollen.

SCHRITT 4

Pflanzen Sie die Seerosen in Körbe und stellen Sie sie auf die Ziegelstapel. Anfangs stehen sie knapp unter der Wasseroberfläche. Wenn sie größer werden, setzt man sie nach und nach tiefer, indem man Ziegel aus dem Stapel nimmt. Zum Schluss steht die Seerose auf dem Boden der Wanne.

SCHRITT 5

Pflanzen Sie Ufer- und Seichtwasserpflanzen ebenfalls in Körbe, die Sie an das seichte Ende stellen. Achten Sie auf die passende Tiefe (siehe S. 72–73). Nun befüllen Sie die Wanne, am besten mit Regenwasser. Die Pflanzen müssen auch in der vollen Wanne noch fest stehen. Zum Schluss kommen Schwimmpflanzen ins Wasser.

SCHRITT 6

Sobald die Wanne gefüllt ist und die Pflanzen in ihren Körben sicher und fest stehen, schaffen Sie an der Außenseite der Wanne eine Rampe aus Steinen, Holz oder anderem Material. So gelangen Kröten leichter ins Wasser.

Die Pflanzkörbe müssen fest auf den Ziegeln stehen, damit sie nicht herunterfallen oder wegschwimmen.

Platzieren Sie die Pflanzen in ihren Körben vorsichtig in der für sie optimalen Tiefe im Wasser.

Tieren Wege schaffen: In der Wanne bilden Ziegel Stufen, außen ein Holzstapel.

Ordnen Sie die Pflanzen so an, wie Sie es am schönsten finden.

BEPFLANZEN

EINFÜHRUNG

TEICHPFLANZEN

Pflanzen sind die wichtigsten Teichelemente. Jede einzelne ist ein potenzieller Lebensraum in dem vielschichtigen Ökosystem, zu dem sich Ihr Gewässer entwickeln kann. Flachwasserbereiche werden angelegt, damit Vögel baden, Wirbellose ihre Eier ablegen und Säugetiere trinken können. Doch eine gestaffelte Wassertiefe ist in erster Line dazu da, möglichst viele Pflanzen unterzubringen und damit Mikrohabitate zu schaffen.

Der ideale Naturteich enthält eine gute Mischung aus Ufer-, Seichtwasser-, Unterwasser- und Schwimmpflanzen (siehe S. 74–87). Sie gedeihen in Zonen verschiedener Tiefe (siehe S. 72–73). Eine solche Vielfalt lässt unterschiedlichste Lebensräume entstehen, zum Beispiel für Kaulquappen und Wasserlarven der Insekten, die sich in Uferbewuchs verstecken, für Molche, die ihre Eier in Blätter einwickeln, und für Bienen, die sich zum Trinken auf Seerosenblättern niederlassen. Jedes Teichgewächs ist für bestimmte Tierarten von Vorteil. Je mehr Arten man pflanzt, desto mehr Tiere bevölkern den Teich.

Einige meiner Pflanzen wachsen besser als andere – das ist völlig normal. Ihr Teich wird sich mit der Zeit entwickeln und sein Gleichgewicht finden. Das gilt auch für seine Gewächse. In meinem Schrebergartenteich entfalten sich andere Pflanzen besser als in meinem Gartenteich. Am besten setzen Sie möglichst viele Pflanzen ein und schauen, wie sie sich entwickeln. Ich mag Schwimmpflanzen, also Seerosen – obwohl meine Teiche dafür leider zu klein sind – sowie Krebsschere und Froschbiss. Doch auch Seichtwasserpflanzen wie Sumpf-Vergissmeinnicht und Bachbunge sehen sehr gut aus. Libellen nutzen aus dem Wasser ragende Pflanzentriebe zum Schlüpfen.

Schwimmpflanzen
Ein Mix aus mehreren Seerosen setzt elegante Akzente und spendet der Unterwasserwelt Schatten.

WO UND WIE BEPFLANZEN?

Anbieter von Teichpflanzen unterscheiden oft fünf Zonen. Im Prinzip gibt es allerdings nur drei echte Zonen: Sumpf- bzw. Feuchtgebiete, Seichtwasser- und Tiefwasser. Die Grenzen sind zudem fließend: Unterwasserpflanzen kommen manchmal im Seichtwasser vor, Seichtwasserpflanzen wachsen oft auch am Ufer. Die Bepflanzung hängt auch vom Teichtyp ab. In einem Naturteich kann man die Gewächse in den auf der Folie verteilten Unterboden setzen (siehe S. 32–41). In formalen Gewässern oder Miniteichen verwendet man besser

ZONE 1
UFERPFLANZEN

ZONEN 2 UND 3
SEICHTWASSERPFLANZEN

Pflanzkörbe. Optisch ist das einerlei: Sind die Pflanzen gut eingewachsen, sieht man normalerweise nicht mehr, ob sie im Korb oder in der Erde sitzen. Einige Teichpflanzen kann man einfach ins Wasser werfen. Sie schwimmen frei oder wurzeln selbstständig ein.

Ich pflanze in der Regel nur einheimische Arten (siehe S. 176–177), da sie keine Probleme bereiten, wenn sie in die freie Natur »flüchten«. Nicht einheimische Gäste dagegen können invasiv werden (siehe S. 88–89). Aber auch Lokalmatadore wie Sumpf-Schwertlilie, Wasserstern und Krebsschere wuchern und sind für kleine Teiche nicht ideal.

NÄHRSTOFFBEDARF VON TEICHPFLANZEN

Die meisten Teichpflanzen sind wüchsig und brauchen keine nährstoffreichen Böden. Oberboden aus dem Garten enthält sehr viele Nährstoffe und ist daher nicht für Teichgewächse geeignet. Zudem fördert er die Bildung von Algen, die Tier und Pflanze im Wasser förmlich ersticken. Deshalb verwendet man als Substrat in Teichen und Pflanzkörben nährstoffarme Wasserpflanzenerde oder Unterboden.

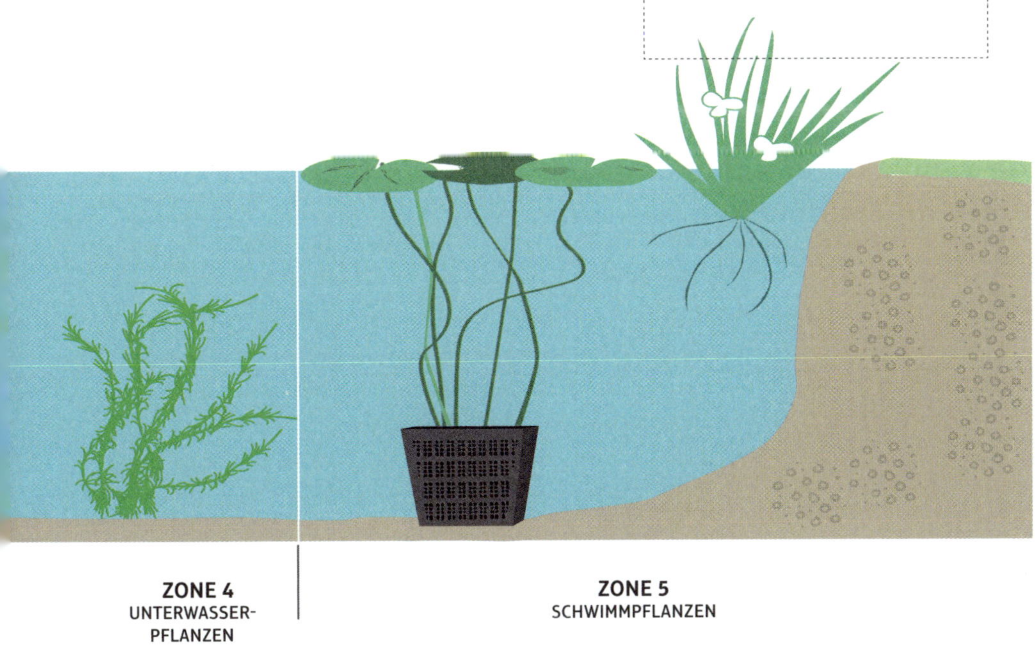

ZONE 1

UFERPFLANZEN

Uferpflanzen gedeihen am Rand von Gewässern, denn sie lieben es nass. Viele sind in Feuchtwiesen und Sümpfen beheimatet, aber manche kommen auch mit etwas Trockenheit zurecht, wenn der Wasserspiegel im Sommer sinkt.

Uferpflanzen bereichern Gewässer um zusätzliche Komponenten. Sie erhöhen ihre Schönheit – manche sehen wirklich wundervoll aus – und bieten auch vielen Tieren im Übergangsbereich von Wasser und Land Schutz vor Fressfeinden.

Meinen Gartenteich säumen Wiesenschaumkraut, Schlüsselblumen und Blutweiderich. Sie blühen zu unterschiedlichen Zeiten und liefern Bestäubern so über Monate Nektar und Pollen. Schlüsselblumen und Wiesenschaumkraut werden oft als Weiden für Tag- und Nachtfalter gepflanzt. Andere haben ihre eigenen Populationen. Die Wasserbraunwurz spricht vor allem Wespen an. Neben der Deutschen und Gemeinen Wespe, die als Plagegeister gelten, obwohl sie nützlich sind, gibt es viele weitere Arten. Blutweiderich wiederum genießt unter Bienen, Hummeln und Schwebfliegen einen guten Ruf als Pollen- und Nektarlieferant. Sie alle machen meinen Teich interessanter, lebendiger und tierfreundlicher. Ich möchte sie nicht missen.

Uferpflanzen sind eine Bereicherung für Teichbiotope. Sie locken etliche Bestäuber an.

SUMPFDOTTERBLUME

Caltha palustris

HÖHE 40 cm **BREITE** 50 cm
VOLLSONNIG

An ihr muss man einfach alles mögen! Sie trägt glänzende, herzförmige Blätter und öffnet im Frühjahr leuchtend gelbe Blüten. Auch Bienen fliegen auf sie.

WIESENSCHAUMKRAUT

Cardamine pratensis

HÖHE 50 cm **BREITE** 30 cm
HALBSCHATTIG

Die lila Blüten erscheinen von April bis Juni über schön gefiedertem Laub. Ganz ihr verschrieben hat sich der Aurorafalter: Seine Raupen ernähren sich von ihren Blättern und Blüten.

GEWÖHNLICHER WASSERDOST

Eupatorium cannabinum

HÖHE 1,5 m **BREITE** 1,5 m
VOLLSONNIG BIS HALBSCHATTIG

Auch Wasserhanf genannt, gehört er zu den besten Schmetterlingsweiden, denn seine Blüten sind prall mit Nektar gefüllt. Seine hanfartigen Blätter sehen dekorativ aus, auch wenn sie Ihre Gäste eventuell auf unangenehme Fragen bringen könnten!

ECHTES MÄDESÜSS

Filipendula ulmaria

HÖHE 90 cm **BREITE** 30 cm
VOLLSONNIG BIS HALBSCHATTIG
Das Mädesüß zeigt im Sommer hinreißende wolkenartige Blütenrispen, die ein bevorzugtes Anflugziel von Bestäubern sind. Auch das frischgrüne Laub ist hübsch.

KUCKUCKSLICHTNELKE

Lychnis flos-cuculi

HÖHE 75 cm **BREITE** 75 cm
VOLLSONNIG BIS HALBSCHATTIG
Am schönsten sind die feingliedrigen, rosa Sternblüten ab dem späten Frühjahr. Wer einen natürlichen Gartenlook bevorzugt, setzt sie locker verstreut zwischen Gräser.

GEWÖHNLICHER BLUTWEIDERICH

Lythrum salicaria

HÖHE 2 m **BREITE** 60 cm
VOLLSONNIG BIS HALBSCHATTIG
Auf seine hoch aufragenden, violetten Blütenähren ist im Sommer Verlass. Sie sind unter Bienen und anderen Bestäubern heiß begehrt.

ECHTE SCHLÜSSELBLUME

Primula veris

HÖHE 25 cm **BREITE** 25 cm
HALBSCHATTIG

Die vielseitig einsetzbare Schlüsselblume kommt mit trockeneren Böden zurecht, sieht im Frühjahr aber in Teichnähe am besten aus. Ihre trichterförmigen, gelben Blüten erscheinen in Dolden an hohen Stängeln über runzeligem Laub.

WASSERBRAUNWURZ

Scrophularia auriculata

HÖHE 80 cm **BREITE** 50 cm
VOLLSONNIG BIS HALBSCHATTIG

Ihre winzigen, kastanienbraunen Blüten trägt diese Schönheit von Juni bis September an kantigen Stängeln. Sie versorgt Bestäuber wie Bienen und Wespen großzügig mit Nektar.

ECHTER BALDRIAN

Valeriana officinalis

HÖHE 1,5 m **BREITE** 1 m
VOLLSONNIG BIS HALBSCHATTIG

Die Blüten des Echten Baldrian halten im Sommer reichlich Nektar für Bestäuber bereit. Auch seine Blätter sind attraktiv. Aus den Wurzeln kann man Beruhigungstee zubereiten.

SEICHTWASSERPFLANZEN

Seichtwasserpflanzen bevorzugen Uferbereiche im Flachwasser. Sie haben gern nasse Füße, wollen also mit ihren Wurzeln im Wasser stehen, während sich der größte Teil der Pflanze oberhalb des Wasserspiegels befindet.

Seichtwasserpflanzen machen Teichränder optisch weicher und reinigen das Wasser. Sie bilden eine »Feuchtgebietszone«, die das Gewässer einfasst und vielerlei Tierarten anlockt, darunter auch Schmetterlinge, die sich von ihnen ernähren und sie bestäuben.

In natürlichen Gewässern säen sich Seichtwasserpflanzen im Uferschlamm selbst aus. Wenn man einen Naturteich anlegt (siehe S. 32–41) und sie direkt in die schlammigen Uferareale pflanzt, können sie sich daher selbst weiterverbreiten. Genauso gut aber kann man sie in Teichkörbe setzen und auf Sockeln ins Wasser stellen, aber nicht tiefer als 15 cm.

Teichränder erwärmen sich im Frühjahr rasch und sind ideal für Amphibien und Wirbellose.

Seichtwasservegetation gehört mit zu den besten Lebensräumen für Tiere. Manche Gewächse bedecken die Wasserfläche und bieten einer enormen Bandbreite von Tieren Schutz und Schatten. Kaulquappen und andere Larven können sich zwischen den schwimmenden Trieben und Blättern vor Fressfeinden verstecken. Molche hingegen legen ihre Eier darauf ab und wickeln jedes in ein eigenes Blatt. Mitunter entdeckt man auf Blättern auch Frösche beim Sonnenbaden.

GEWÖHNLICHER FROSCHLÖFFEL

Alisma plantago-aquatica

HÖHE 1 m **BREITE** 50 cm
SONNIG ODER HALBSCHATTIG

Der Froschlöffel neigt zur Selbstaussaat und ist daher in großen Teichen am besten aufgehoben. Die zarten, weißen Blüten öffnen sich im Sommer an hohen Blütenständen über Rosetten aus großen, länglichen Blättern.

BLUMENBINSE

Butomus umbellatus

HÖHE 1,5 m **BREITE** 50 cm
VOLLSONNIG

Mit pastellrosa Blütendolden lädt die Blumenbinse Bestäuber im Sommer zum Verweilen ein. Sie breitet sich stark aus und braucht daher viel Platz. Damit sie viele Blüten bildet, teilt man sie in regelmäßigen Zeitabständen.

GEFLÜGELTES JOHANNISKRAUT

Hypericum tetrapterum

HÖHE 30 cm **BREITE** 30 cm
VOLLSONNIG ODER HALBSCHATTIG

Diese Staude mit vierkantigen Stängeln blüht im Sommer gelb. Sie braucht einen Platz an Gewässerrändern oder in Sumpfgärten. Zerreibt man die Blätter, duften sie zitronig.

SUMPF-SCHWERTLILIE

Iris pseudacorus

HÖHE 1,2 m **BREITE** 1 m
VOLLSONNIG

Diese Iris mit schwertförmigen Blättern und gelben Blüten im späten Frühjahr ist etwas für große Teiche. Libellenlarven nutzen die aus dem Wasser ragenden Stängel zum Verpuppen.

WASSERMINZE
Mentha aquatica

HÖHE 30 cm
BREITE 50 cm
VOLLSONNIG ODER HALBSCHATTIG

In dieser Uferpflanze legen Molche bevorzugt ihre Eier ab. Die duftenden Blätter werden überragt von kugeligen, lila-rosa Blütenständen, die Bienen mit Vorliebe ansteuern.

BITTERKLEE
Menyanthes trifoliata

HÖHE 50 cm **BREITE** 1,5 m
VOLLSONNIG

Bitterklee kann sich schnell ausbreiten und ist daher eher etwas für größere Teiche. Er trägt über dem Wasser stehende, eiförmige Blätter und öffnet im Sommer fransige Sternblüten.

SUMPF-VERGISSMEINNICHT
Myosotis scorpioides

HÖHE 30 cm **BREITE** 50 cm
SONNIG ODER SCHATTIG

Zwischen diesen Pflanzen verstecken sich gern Kaulquappen. In das Laub legen Molche ihre Eier. Die blauen Blüten öffnen sich von Mai bis Juli. Sie bieten Bestäubern Nektar und Pollen.

WASSERKNÖTERICH
Persicaria amphibia

HÖHE 70 cm **BREITE** 50 cm
SONNIG ODER SCHATTIG

Die Staude gedeiht am Teichrand und im Wasser. Sie trägt längliche Blätter, die Wirbellosen Schutz bieten und mit ihrem Schatten Algen dezimieren. Der rosa Flor lockt Bestäuber an.

GEWÖHNLICHES PFEILKRAUT
Sagittaria sagittifolia

HÖHE 1 m **BREITE** 1,5 m
SONNIG ODER HALBSCHATTIG

Mit ihren pfeilförmigen Luftblättern und eiförmigen Schwimmblättern ist diese Uferpflanze eine Bereicherung für Teiche. Die kleinen, weißen Blüten öffnen sich im Sommer.

BACHEHRENPREIS
Veronica beccabunga

HÖHE 10 cm **BREITE** 1,2 m
VOLLSONNIG ODER HALBSCHATTIG

Die hübsche Uferpflanze, auch Bachbunge genannt, breitet sich auf der Oberfläche von Teichen aus und spendet so Schatten und Schutz. Molche nutzen ihr Laub als Eiablageplatz. Von Mai bis September trägt sie kleine Blüten an hohen Stängeln.

ZONE 4

UNTERWASSER-PFLANZEN

Bisweilen werden sie noch einmal in besonders effektiv Sauerstoff gebende Pflanzen und Tiefwasserpflanzen unterteilt, im Prinzip aber reichern alle Unterwasserpflanzen das Wasser mit Sauerstoff an. Da sie am schlammigen Teichgrund wurzeln, brauchen sie keine Töpfe.

Unterwasserpflanzen sind ein unschätzbar wertvoller Lebensraum für wirbellose Wassertiere. Manche bilden mit der Zeit tangartige Unterwasserwälder. In ihrem Schutz leben die Wirbellosen in unterschiedlichen Wassertiefen, legen Eier ab, stellen Beutetieren nach oder verstecken sich vor Fressfeinden.

Manche Unterwasserpflanzen bilden ein waldartiges Dickicht.

Die Auswahl an Unterwasserpflanzen ist groß. Manche sind anspruchsvoll, andere unkompliziert und sehr wüchsig. Deshalb lohnt es sich, sie nach und nach ins Wasser zu setzen und zu sehen, welche am besten gedeihen. In meinem Teich geben Krauses Laichkraut und Ähriges Tausendblatt den Ton an, während das Raue Hornblatt, das mir eigentlich besser gefällt, kaum eine Chance hat.

Viele Unterwasserpflanzen werden statt in Töpfen bündelweise verkauft. Man wirft sie einfach ins Wasser und überlässt es ihnen, dort anzuwachsen, wo sie sich am wohlsten fühlen.

TEICHWASSERSTERN
Callitriche stagnalis

PFLANZTIEFE 30–100 cm **BREITE** 1 m
VOLLSONNIG ODER HALBSCHATTIG
Diese Pflanze wurzelt im Schlamm am Teichboden. Ihre kleinen, weißen Sternblüten erscheinen von Mai bis August. Man wirft ihre Horste ins Wasser oder pflanzt sie in Gefäße.

RAUES HORNBLATT
Ceratophyllum demersum

PFLANZTIEFE 30–100 cm **BREITE** 1,5 m
SONNIG BIS SCHATTIG
Das Hornblatt mit seinen frei schwimmenden, verzweigten, dunkelgrün beblätterten Trieben gehört zu den häufigsten Wasserpflanzen. Es reicht, ein paar Triebe ins Wasser zu werfen.

GEWÖHNLICHES QUELLMOOS
Fontinalis antipyretica

PFLANZTIEFE 30–100 cm
BREITE 30 cm
SONNIG ODER HALBSCHATTIG
Das immergrüne Unterwassermoos ist eine Sauerstoff gebende Pflanze mit verzweigten Trieben. Es breitet sich rasenartig aus und bevorzugt Fließgewässer, wächst aber auch in Teichen.

TANNENWEDEL

Hippuris vulgaris

HÖHE 20 cm **BREITE** 50 cm
VOLLSONNIG

Diese ungewöhnliche Wasserpflanze bildet hohe Stängel mit quirlständigen, dunkelgrünen Blättern. Sie ragt über die Wasseroberfläche hinaus. Man pflanzt sie in den Schlamm oder in Gefäße.

GEWÖHNLICHER WASSERNABEL

Hydrocotyle vulgaris

HÖHE 10 cm **BREITE** 2 m
SONNIG BIS HALBSCHATTIG

Diese kleine Pflanze blüht im Sommer rosa. Sie wächst in Sümpfen, an Ufern und unter Wasser in bis zu 10 cm Tiefe. Man kann sie am Boden oder in Körbe mit Wasserpflanzenerde pflanzen.

ÄHRIGES TAUSENDBLATT

Myriophyllum spicatum

PFLANZTIEFE 30–100 cm **BREITE** 1,5 m
VOLLSONNIG

Das Ährige Tausendblatt bildet dichte Matten aus schön gefiederten Blättern. Es wird direkt in den Schlamm am Teichgrund oder in Körbe mit Wasserpflanzenerde gepflanzt.

KRAUSES LAICHKRAUT

Potamogeton crispus

PFLANZTIEFE 30–100 cm **BREITE** 1,5 m
VOLLSONNIG BIS HALBSCHATTIG
Das Laichkraut wurzelt im Schlamm und bildet dichte Kolonien. Seine braungrünen, am Rand gewellten Blätter bleiben unter Wasser. Man wirft es einfach hinein oder pflanzt es in Körbe.

KAMM-LAICHKRAUT

Potamogeton pectinatus

HÖHE 10 cm **BREITE** 1 m
VOLLSONNIG BIS HALBSCHATTIG
Die grasartigen Blätter bilden allmählich knapp unter der Wasseroberfläche eine dichte Wasserwiese. Pflanzen Sie es in Körbe, die 50–200 cm tief auf Sockeln stehen.

WASSERHAHNENFUSS

Ranunculus aquatilis

PFLANZTIEFE 5–30 cm
BREITE 50 cm **VOLLSONNIG**
Die gefiederten Blätter bilden unter Wasser dichte Matten, die Blüten erinnern an Gänseblümchen und öffnen sich im Sommer an der Wasseroberfläche. Man pflanzt die Art mit Wasserpflanzenerde in Körbe oder verwendet Steine als Gewicht, damit sie im Teichschlamm wurzeln kann.

ZONE 5

SCHWIMMPFLANZEN

Beim Wort Schwimmpflanzen denken wir meist an Seerosen – die botanisch exakte Bezeichnung lautet Tiefwasser-Schwimmblattpflanzen. Sie werden in Korbschalen gepflanzt, die auf dem Teichgrund oder niedrigen Sockeln stehen. Ihre schildförmigen Blätter schwimmen auf dem Wasser.

Seerosen eignen sich nicht für alle Teiche, denn ihr natürlicher Lebensraum sind größere Gewässer. Aber es gibt auch Zwergformen für kleine Teiche. Neben der heimischen Seerose bekommt man viele gezüchtete und tropische Arten, die meist besser in Gartenteiche passen. Auf den Blättern sieht man mit etwas Glück Froschnachwuchs sitzen. Manchmal landen Bienen darauf, um Teichwasser zu trinken. Schwebepflanzen sind Schwimmpflanzen, die frei im Wasser treiben, ohne zu wurzeln. Dazu zählt die Krebsschere mit ananasartigem Schopf. Sie sitzt aufrecht knapp unter der Wasseroberfläche. Hübsch ist auch Froschbiss. Er erinnert an eine winzige Seerose.

WASSERFEDER
Hottonia palustris

PFLANZTIEFE 10–60 cm
HÖHE 50 cm **BREITE** 1 m
HALBSCHATTIG

Die weißen bis rosa Sternblüten stehen im Frühjahr über farnartigem Laub. Man pflanzt Wasserfedern anfangs in den Schatten. Sagen ihnen die Bedingungen zu, breiten sie sich aus.

FROSCHBISS
Hydrocharis morsus-ranae

PFLANZTIEFE 5–20 cm
HÖHE 10 cm **BREITE** 1 m
VOLLSONNIG BIS SCHATTIG

Die kleinen, seerosenartigen Blätter treiben auf dem Wasser. In der zweiten Sommerhälfte schweben weiße und gelbe Blüten über ihnen.

SEEROSEN
Nymphaea

HÖHE 75 cm **BREITE** bis 1,5 m
VOLLSONNIG

Einheimische Arten blühen im Sommer weiß über schildförmigem Laub. Die meisten Arten wurzeln 30–75 cm unter dem Wasserspiegel. Sie gedeihen in großen Teichen am besten.

SCHWIMMENDES LAICHKRAUT
Potamogeton natans

PFLANZTIEFE 30–100 cm
HÖHE 10 cm **BREITE** bis 2 m
VOLLSONNIG ODER HALBSCHATTIG

Die schönen, eiförmigen Blätter ruhen auf der Oberfläche. Im Sommer ragen unscheinbare, knotige Blüten aus dem Wasser. Die Pflanze wächst schwer ein, kann später aber wuchern.

KREBSSCHERE
Stratiotes aloides

PFLANZTIEFE 20–100 cm
HÖHE 10 cm **BREITE** 1 m
VOLLSONNIG ODER HALBSCHATTIG

Ihre Rosetten aus spitzen, schwertförmigen Blättern sitzen auf und knapp unter der Wasseroberfläche. In ihrer Mitte öffnen sich hübsche, weiße Blüten.

INVASIVE ARTEN

Invasive Pflanzenarten sind in anderen Teilen der Welt beheimatet, wo ihre Ausbreitung durch ihre natürliche Umgebung begrenzt wird. In fremden Biotopen dagegen können sie heimische Pflanzen verdrängen. Besonders problematisch sind sie, wenn sie in die freie Natur gelangen.

Ich setze in meine Teiche nur heimische Pflanzen. Denn zum einen nutzen sie der heimischen Tierwelt und zum anderen stören sie natürliche Ökosysteme nicht, wenn sie in die freie Natur entwischen (siehe S. 176–177). Wer nicht-endemische Gewächse in seinen Teich setzen möchte, sollte berücksichtigen, dass sich manche Arten sehr schnell ausbreiten. Folgende fünf stehen zum Teil auf der Schwarzen Liste invasiver Arten. Kaufen Sie Teichpflanzen nur von renommierten Anbietern. Am besten stellt man sie vor dem Einpflanzen ein paar Tage in einen Wassereimer und prüft dann, ob versteckte, unerwünschte Arten aufgekeimt sind.

GROSSER ALGENFARN
Azolla filiculoides

Der aus Nordamerika stammende Algenfarn bildet so dichte Laubmatten, dass kein Licht mehr durchdringt. Das Wasser kann sauerstoffarm werden, sodass alles Leben erstickt.

NADELKRAUT
Crassula helmsii

Diese Matten bildende Teichpflanze stammt ursprünglich aus Australien und Neuseeland. In Gewässern blockiert sie jeglichen Lichteinfall, was alle Lebewesen bedroht. Der Neophyt trägt fleischige Blätter und kleine, weiße Blüten.

GROSSER WASSERNABEL
Hydrocotyle ranunculoides

Diese amerikanische Art hat fleischige Triebe und runde, gekerbte Blätter. Vorsicht – sie wird mitunter fälschlich als Gewöhnlicher Wassernabel etikettiert, eine europäische Art. Der Neophyt kann Wasserläufe ersticken, Abflüsse verstopfen und heimische Biotope stören.

GROSSBLÜTIGES HEUSENKRAUT
Ludwigia grandiflora

Trotz seiner hübschen Blüten kann dieser Neophyt mit seinem Laub Gewässer völlig zuwuchern und dadurch Überschwemmungen verschlimmern sowie Ökosysteme stören.

BRASILIANISCHES TAUSENDBLATT
Myriophyllum aquaticum

Die einst beliebte Teichpflanze aus Südamerika wird gelegentlich auch unter der Bezeichnung Papageienfeder verkauft. Mit ihrem dichten Laub kann sie den Lauf von Flüssen verändern.

BEOBACHTEN

DER TEICH IM JAHRESVERLAUF

Teiche haben ein Eigenleben. Man hebt sie aus, füllt sie mit Wasser, bepflanzt sie und entlässt sie in die Freiheit. Anfangs färbt sich Ihr Teich vielleicht grün, doch dann passt er sich an seine Umgebung an. Pflanzen wachsen (und vergehen) und die Teichfauna siedelt sich an.

Nach und nach wird Ihr Teich Teil Ihres Gartens und für viele Tiere zum Zuhause. Mit jeder Art bekommt das kleine Gewässer eine weitere Dimension und wird immer komplexer. Aber es verändert sich auch mit den Jahreszeiten. Im Frühjahr geht es am geschäftigsten zu: Allerlei Amphibien und Wirbellose nutzen das Wasser, um sich zu paaren und Eier zu legen. Im Sommer enthält es zahlreiche Frosch-, Kröten- und Molchlarven – sowie Millionen von Lebewesen, die sich nicht so einfach bestimmen lassen: Schlängelndes an der Oberfläche, Käfer, die zwischen Trieben und Wurzeln hin und her eilen, und Nymphen größerer Insekten.

Im Herbst kehrt etwas Ruhe ein und im Winter wird es ganz still. Zwar kann man noch Vögel beim Baden und das eine oder andere Säugetier beim Trinken beobachten, aber sonst tut sich nichts. Wirbellose und Amphibien ziehen sich unter Holzstöße, in den Schlamm oder zwischen Grasbüschel zurück. Auch unter der Wasseroberfläche sitzt die Fauna die kalten Monate aus und taucht im Frühling quietschfidel wieder auf.

Im Hochsommer
Im Teich herrscht Trubel: Larven entwickeln sich, und Bestäuber umschwirren die Blüten.

DAS TEICHLEBEN ERKUNDEN

Sich etwas Zeit zu nehmen und den Teich zu betrachten, ist zu jeder Jahreszeit ein Genuss. Wer sein Gewässer regelmäßig beobachtet, bemerkt, wie es sich im Lauf der Monate verändert – sowohl über als auch unter der Wasseroberfläche.

Teiche sind faszinierende Biotope und Wunderwerke der Natur. Am meisten Spaß macht es, die Teichfauna kennenzulernen. Man kann Frösche hören, die mit einem Platsch ins Wasser hechten, oder einem Libellenpärchen beim Liebesspiel zusehen, bevor das Weibchen seinen Hinterleib nach unten krümmt und die Eier zwischen Teichpflanzen legt. Sehen Sie Wasserschnecken zu, die Algen weiden, und Rückenschwimmer oder Schwimmkäfer, die zum Luftholen auftauchen, während Wasserläufer um sie herumtanzen. Setzen Sie sich abends mit einem Glas Wein ans Ufer: Mit etwas Glück flattern Fledermäuse auf der Jagd nach Mücken vorbei oder ein Rascheln im Laub kündigt das Nahen eines Igels an.

Aus der Vogelperspektive
Wenn Sie häufig einen Blick in den Teich werfen, fallen Ihnen viele Veränderungen auf.

Vielleicht reicht es Ihnen ja, stiller Beobachter zu sein, doch faszinierend ist es auch, das Leben unter der Wasseroberfläche genauer zu erkunden. Leuchten Sie einfach einmal an einem Sommerabend mit einer Taschenlampe bis auf den Grund des Teichs. Womöglich entdecken Sie Molche, denn sie sind nachts aktiver als am Tag. Eventuell lohnt es sich, ein, zwei Wildkameras am Teich aufzustellen, um Vögel beim Baden oder Insekten bei der Eiablage zu beobachten. Mit einer Unterwasserkamera wiederum kann man festhalten, was sich im Wasser tut – etwa wenn sich im Frühjahr Amphibien fortpflanzen oder der Teich im Sommer von Kaulquappen förmlich wimmelt.

Unterwasserwelt
Eine Unterwasserkamera gewährt Einblick in die Tiefen des Teichs.

Keschern eignet sich bestens zum Kennenlernen des Teichs, vor allem mit Kindern. Man entdeckt dabei die unterschiedlichsten Tiere (siehe S. 100–102), etwa Schwimmkäfer, Rückenschwimmer, Libellen sowie Eintags- und Köcherfliegenlarven. Sie alle spielen im Teichleben eine Rolle, ob sie nun das Wasser reinigen oder das Überleben anderer sichern. Von entscheidender Bedeutung ist das komplexe Geflecht aus Räubern und Beute. Eine völlig neue Welt erschließt sich Ihnen mit dem Mikroskop (siehe S. 103).

KESCHERN

Mit dem Kescher lässt sich das Ökosystem eines Teichs aus der Nähe erkunden. Keschern ist das ganze Jahr möglich, auch wenn Sie in den Frühjahrs- und Sommermonaten mehr Ergebnisse ans Tageslicht befördern können. Keschern macht in jedem Alter Spaß, ein besonderes Erlebnis aber ist es für Kinder.

Keschert man mit Kindern, sollten auch die Kleinen die wichtigsten Regeln kennen (siehe gegenüber) und immer von Erwachsenen unterstützt werden. An Ausrüstung braucht man nicht viel. Im Prinzip reichen ein Kescher oder ein altes Küchensieb sowie ein paar weiße Behälter, um zu beobachten, was man ergattert hat. Besonders Interessierte schreiben sich auf, welche Arten sie entdeckt haben. Wer wissen möchte, wie schnell Neuankömmlinge kleine Gewässer besiedeln, kann Jahr, Tag und Tageszeit notieren.

Im komplexen Teichleben spielen unter anderem Mikroorganismen – Detritivoren, die sich von toten Pflanzen ernähren –, Algenfresser, Räuber und Parasiten eine Rolle. Auf S. 101–103 habe ich ein paar Arten aufgelistet, doch gibt es ausführliche Bestimmungsbücher. Tierarten zu bestimmen macht die Teichbeobachtung noch spannender.

KESCHERN – ABER RICHTIG!

Knien Sie sich immer hin, damit Sie nicht ins Wasser fallen. Nie am Rand stehend keschern!

Verwenden Sie separate Gefäße für Räuber und ihre Beutetiere, sonst kann es sein, dass ein Fang »auf mysteriöse Weise« verschwindet.

Lassen Sie die Behälter nicht in der Sonne stehen, sonst überhitzt das Wasser, was den Tieren schadet.

Setzen Sie zum Schluss alle gefangenen Tiere wieder in den Teich zurück.

Siedeln Sie nie Tiere von einem Teich in einen anderen um.

Legen Sie das Netz zum Beobachten ins Wasser, damit nichts zu Schaden kommt, was Sie gefangen haben.

Mit Forscherblick
Sehen Sie sich das, was Sie gefangen haben, in Ruhe an. Sie können Pflanzen und Tiere ruhig bewegen, wenn Sie eine bessere Perspektive brauchen – aber bitte behutsam!

ANLEITUNG ZUM KESCHERN

Nähern Sie sich dem Teich vorsichtig, denn Tiere registrieren winzigste Erschütterung durch Schritte. Deshalb sollte man sich zuvor ein paar Minuten still ans Ufer setzen. Suchen Sie sich einen stabilen, nicht rutschigen Platz. Dann knien Sie sich hin und füllen das bereitgestellte Gefäß mit Wasser. Tauchen Sie den Kescher ganz ein, ziehen Sie ihn durch das Wasser und leeren Sie seinen Inhalt in das Gefäß. Füllen Sie ihn aber nicht mit zu vielen Pflanzen, sonst können kleine Tiere sich darin verstecken. Legen Sie den Kescher ins Wasser, während Sie den Inhalt begutachten. So können sich im Kescher gefangene Tiere im Gefäß wieder ins Wasser flüchten.

Arbeiten Sie langsam und behutsam, um den Tieren keinen Schaden zuzufügen. Keschern Sie in verschiedenen Bereichen und Tiefen des Teichs, um möglichst viele Lebewesen zu erwischen. Gehen Sie behutsam und vorsichtig mit den Teichbewohnern um – lassen Sie nichts länger als nötig in den Gefäßen. Besondere Vorsicht ist an warmen Tagen geboten, wenn sich die Gefäße aufheizen. Geben Sie Räuber und ihre Beute in getrennte Wannen. Libellen-, Schwimmkäfer- und Rückenschwimmerlarven sollte man in ein separates Becken geben, sonst fressen sie Kaulquappen und andere Larven. Gießen Sie zum Schluss alles wieder vorsichtig ins Wasser zurück.

Arbeiten Sie langsam und behutsam, um die Tiere nicht zu verletzen.

SIE BRAUCHEN

einen oder mehrere Kescher mit langem Griff und einem Netz mit 1–2 mm Maschenweite

Mindestens 2 weiße, schalenartige Gefäße, etwa hochwandige Tabletts oder Speiseeisschachteln

Vergrößerungsglas

Bestimmungsbuch (siehe auch S. 183)

Notizbuch und Stift

Füllen Sie die Gefäße teilweise mit Teichwasser und stellen Sie sie an das Ufer.

Ziehen Sie das Netz knapp unter der Wasseroberfläche durch den Teich, heben Sie es heraus und leeren Sie den Inhalt in das Gefäß.

Holen Sie die Pflanzen größtenteils heraus, da Sie die Tiere sonst nicht sehen.

Wenn sich das Wasser setzt, können Sie die Tiere im Wasser in Augenschein nehmen. Bestimmen Sie die Arten und schreiben Sie auf, was Sie entdeckt haben.

UNBEKANNTERE TEICHTIERE

Teiche bieten etlichen Tieren einen Lebensraum. Jede Art hat ihren festen Platz. Es gibt unter Tieren keine »Bösewichte«, außer vielleicht Fische, die zu viele Teichbewohner verspeisen. Heißen Sie jedes Lebewesen willkommen, das sich auf natürliche Weise einfindet.

Je mehr Sie über Ihre Teichfauna wissen, desto besser können Sie Ihr Gewässer genießen. Nicht nur die üblichen Verdächtigen wie Kaulquappen und Wasserläufer tummeln sich darin, sondern auch Arten, die Sie nicht so leicht aufspüren, zum Beispiel bizarre, uralte Kleinstlebewesen wie Räder- oder Bärtierchen, die in ausgetrockneten Teichen mitunter jahrelang in todesähnlichem Schlaf überdauern, bis sie sich wieder mit Wasser füllen. Manchmal werden sie in diesem Zustand vom Wind herangetragen.

Andere Lebewesen reisen als blinde Passagiere auf Blättern oder den Füßen von Vögeln an, etwa Blutsauger, Wasserasseln, Schnecken und Würmer. Manche wurden als Eier ins Wasser gelegt. Sie leben Monate und sogar Jahre als Larven oder Nymphen, bevor sie als ausgewachsene Tiere den Kreislauf neu beginnen.

WAS IST DER UNTERSCHIED ZWISCHEN LARVE UND NYMPHE?

Larven und Nymphen sind die Jugendstadien im Lebenszyklus einiger Wirbelloser. Larven sehen dem adulten Stadium überhaupt nicht ähnlich und durchlaufen eine »vollkommene« Metamorphose. Nymphen ähneln den erwachsenen Tieren und durchlaufen eine »unvollkommene« Metamorphose.

WASSERASSEL

Asellus aquaticus

LÄNGE 10 mm

Sie sieht ein bisschen aus wie eine winzige, abgeflachte Landassel und kommt in Teichen häufig vor. Wasserasseln ernähren sich von verrottendem Laub und überleben auch in sauerstoffarmer Umgebung.

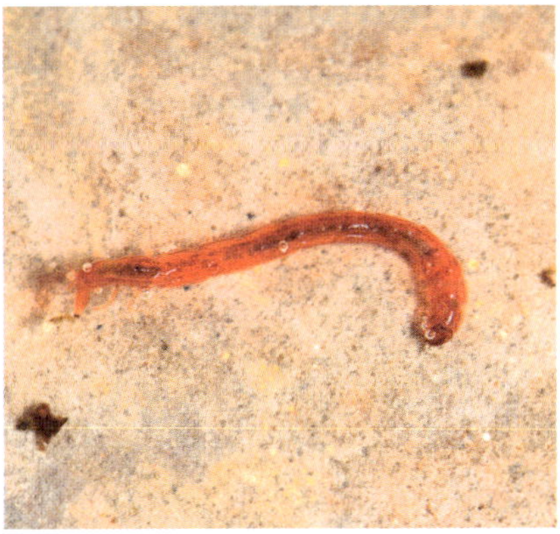

ZUCKMÜCKEN

Chironomidae

LÄNGE 25 mm

Die Larven der Zuckmücken erinnern an kleine, rote Würmchen und sind für viele Teichbewohner eine wichtige Nahrungsquelle. Sie ernähren sich von verrottender organischer Substanz im Wasser.

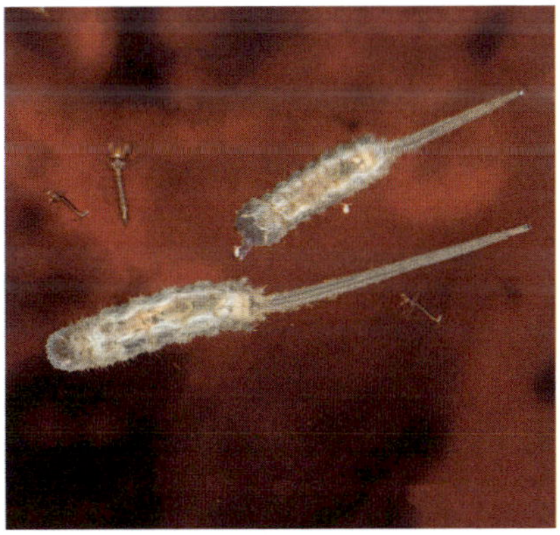

RATTENSCHWANZLARVEN

Eristalis

LÄNGE 6,5 cm mit Schwanz

Die Tierchen mit dem vielleicht ungewöhnlichsten Namen aller Teichlebewesen sind die Larven der Schwebfliegengattung *Eristalis*. Ihr »Schwanz« ist in Wirklichkeit ein langer Schnorchel, mit dem sie unter Wasser atmen können.

EGEL

Hirudinea

LÄNGE 40 mm

In Teichen kommen viele Egel vor, etwa die der Gattung *Erpobdella* (Bild). Keine Angst: Es gibt nur eine Art, die sich in menschliche Haut bohrt – und die ist fast ausgestorben. Die meisten befallen Fische, Würmer und Kaulquappen.

SÜSSWASSERMILBEN

Hydrachnidia

LÄNGE 2 mm

Diese Parasiten befallen Rückenschwimmer und Käfer. Wassermilben wie *Eylais* (Bild) sehen aus wie winzige Spinnen. Sie existieren in mehreren Farben: Manche Arten sind auffällig rot, andere blau oder gelb.

KÖCHERFLIEGEN

Trichoptera

LÄNGE 3–40 mm

Köcherfliegenlarven bauen sich Röhrchen als Schutz und Tarnung. Jede Art (im Bild eine Vertreterin der Gattung *Limnephilus*) bevorzugt bestimmtes Material, etwa Wurzeln, die Reste von Schneckenhäusern, Gras oder Sandkörner.

LIBELLEN UND EINTAGSFLIEGEN

LÄNGE 5–60 mm

Die Nymphen von Großlibellen (oben und S. 134–135), Kleinlibellen (siehe S. 118–119) und Eintagsfliegen ähneln sich. Die der Großlibellen sind gedrungen und haben große Augen, die der Kleinlibellen und Eintagsfliegen sind schmal und tragen Fäden am Hinterleibsende.

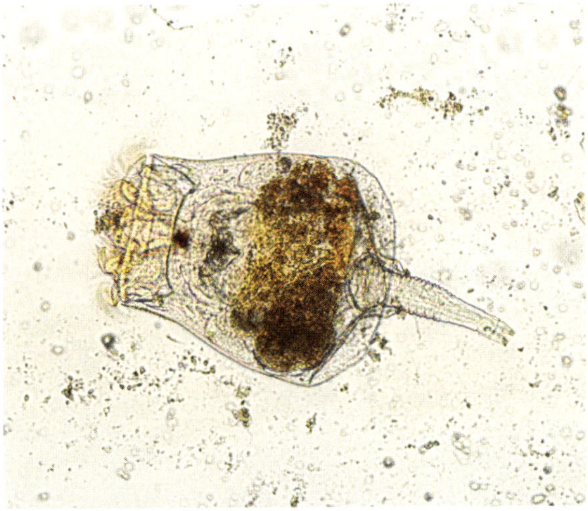

BDELLOIDEA-RÄDERTIERCHEN

Bdelloidea

LÄNGE bis 1 mm

Die mikroskopisch kleinen Rädertierchen tragen am Kopf wimpernartige Härchen, die sich schnell bewegen können. Dabei schieben sie Nahrungspartikel in den Körper.

SÜSSWASSERPOLYPEN

Hydra

LÄNGE 1 mm

Diese Nesseltierchen haben einen langen Körper mit Tentakeln, mit denen sie vorbeischwebende Nahrung fangen. Manche Arten werden so groß, dass man sie mit bloßem Auge erkennen kann.

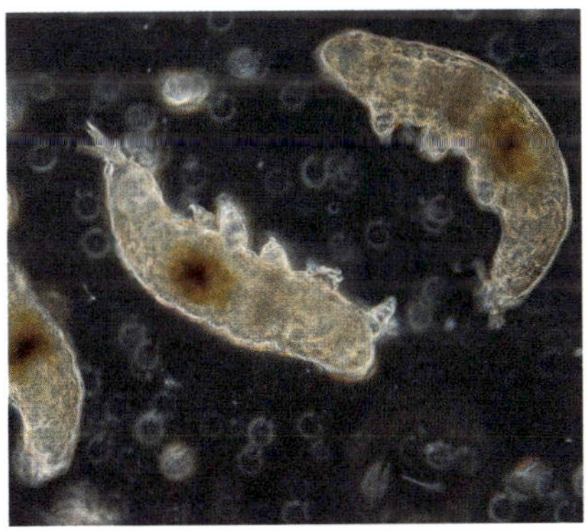

BÄRTIERCHEN

Tardigrada

LÄNGE bis 1,5 mm

Ihren Namen verdanken die Bärtierchen ihrem gedrungenen Körper und der tapsigen Art, sich fortzubewegen. Sie kommen meist in feuchten Lebensräumen vor, etwa zwischen Moos. Manche leben auch in Teichen.

FRÜHJAHR

Dem Frühling wohnt wie keiner anderen Jahreszeit ein Zauber inne. Nach monatelanger Erstarrung durch Kälte, Frost und Eis erwacht der Garten wieder zum Leben.

Als Erstes vollzieht sich dieses Erwachen im Teich. Dort regen sich zunächst stets die Frösche, um die Party einzuläuten. Sie überwintern von Oktober bis Februar oder März in Komposthaufen, Holzstapeln und im Schlamm am Teichgrund. Sobald die Temperaturen etwa 5 °C erreichen, wandern sie zu ihren Laichplätzen, meist nach Regenfällen. In Deutschland machen sich die ersten Frösche in der Regel am Oberrhein und in Küstennähe auf den Weg – je nach Witterung zum Teil schon Mitte Januar. Etwas später geht es im Nordosten los. Auch an der Mosel kann es im Februar schon so mild sein, dass die ersten Frösche ihre Wanderungen beginnen. Die alpenländische Froschpopulation setzt sich bei Föhn gelegentlich schon im Spätwinter in Bewegung. In den rauen Mittelgebirgen kommt das Lurchheer jedoch oft erst im März in die Gänge. Örtliche Naturschutzverbände halten ihre Mitglieder über den Beginn der Wanderungen auf dem Laufenden.

Ich gehe ab Mitte Februar jeden Morgen leise in den Garten und halte nach Fröschen auf dem Weg zum Wasser oder im Wasser Ausschau. Auch im Schrebergarten

Froschlaich
Mit den ersten Anzeichen des Frühlings erscheinen Laichballen im Teich, meist schon ab Februar.

Molche
Bei Molchmännchen entwickelt sich in der Paarungszeit ein Kamm auf dem Rücken.

und in den Teichen der Parks gehe ich auf die Pirsch, um zu erfahren: Wo laichen die ersten Frösche? Wann sehe ich die ersten Laichballen? Dazu verlasse ich meine gewohnte Joggingstrecke entlang der Küste in Brighton und mache einen Umweg durch Parks und entlang der Schrebergärten und Gemeinschaftsgärten von Brighton und Hove. Auf knapp 10 km komme ich an neun Gewässern vorbei, die sich in der Übergangszeit vom Winter zum Frühjahr allmählich mit paarungswilligen Amphibien füllen.

In manchen Jahren ist der Frühling trocken. Und dann lockt der erste Frühjahrsregen die gesamte Froschpopulation auf einmal aus ihren Verstecken. Das ist meine liebste Jahreszeit. Der Teich brodelt förmlich vor Fröschen. Es wird gequakt, was das Zeug hält – Hunderte, ja Tausende von Tieren feiern eine gigantische, mehrtägige Orgie. Dabei bilden sie manchmal Knäuel aus bis zu zehn Paarungswütigen. In nassen Jahren geht es etwas verhaltener zu, dann trudeln die Frösche nach und nach über mehrere Wochen hinweg ein. Auf jeden Fall füllen sich die Teiche in der ganzen Stadt bald darauf mit Unmengen Laichballen, und ich warte schon wieder – diesmal auf das Schlüpfen der ersten Kaulquappen.

Auch nach Februar kann es noch strenge Fröste geben, manchmal bis April. Dann friert der Laich steinhart. Ich habe schon Teiche voller gefrorener Eier gesehen. Die meisten überleben, sie sind hart im Nehmen. Ein paar Wochen nach den Fröschen laichen die Kröten. Auch dann lege ich mich auf die

Es platscht, quakt und brodelt im Teich, wenn sich im Frühjahr Hunderte Frösche einfinden.

Lauer, um ihrem Planschen und ihren knarrenden Lauten zu lauschen. Ende März wimmelt es in den Teichen von Kaulquappen. Nun erscheinen Molche, um sich an ihnen satt zu fressen, bevor sie selbst mit dem Liebesspiel beginnen. Ich bekomme oft von Teichbesitzern zu hören, sie hätten zu viele Kaulquappen im Teich und würden sie gern umsiedeln – auch aus Angst vor einer Froschschwemme im Sommer. So etwas gibt es nicht. Viel zu viele Tierarten futtern Kaulquappen, von Molchen über Rückenschwimmer bis zu Vögeln und Libellenlarven. Manche fressen auch Kaulquappen von Kröten, die leicht giftig sind. Die Molche paaren sich als Letzte. Je nach Art pflanzen sie sich von März bis Juni am Teichgrund fort, geschützt vor den Blicken voyeuristischer Naturgärtner. Ich hatte erst zweimal die Gelegenheit, sie zu beobachten.

Doch auch an anderen Stellen im Teich ist viel los. Wasserläufer und Rückenschwimmer paaren sich und schlüpfen, während Libellennymphen an Pflanzenstängeln hochklettern, um sich in erwachsene Tiere zu verwandeln. Zum Frühjahrsende herrscht pralles Leben im Teich, längst vergessen sind die kalten Tage. Ich mag diesen Wandel. Ich freue mich jedes Jahr darauf.

Wasserläufer
Nach dem Überwintern legen Wasserläufer ihre Eier auf Pflanzen ab.

Anfang Frühjahr brodelt es im Teich. Lurche wie Frösche und Kröten treffen zu Massenpaarungen ein. Ihre Lustschreie reichen je nach Art und Zahl der Beteiligten von knurrendem Quaken über lautes Quietschen bis zu vogelähnlichem Pfeifen. Wer sich nachts in den Garten schleicht, hört den Teich, lange bevor er ihn sieht. Schalten Sie die Taschenlampe ein und Tausende Augen starren sie an, während glitzernde Laichballen schon die nächste Generation ankündigen.

Auch die Insekten sind höchst beschäftigt: Am späten Nachmittag bilden sie über der Wasseroberfläche tanzende Schwärme. Aufbruchsstimmung auch bei den Teichpflanzen, wie Bach-

Libellennymphen
Die gefräßigen Unterwasserräuber durchlaufen bis zu 14 Larvenstadien, bevor sie erwachsen werden.

bunge und Sumpf-Vergissmeinnicht offenbaren, die ihre ersten Blätter nach oben zu recken beginnen. Vögel nutzen das Gewässer tagsüber, um ihren Durst zu stillen und zu baden. Nachts hingegen gehört das nasse Reich Igeln und Fröschen und der Luftraum darüber den Fledermäusen.

Sobald die Frösche gelaicht haben, schlägt die Stunde ihrer Feinde: Die Larven wirbelloser Wasserbewohner, etwa der Libellen, stellen den Kaulquappen im Wasser nach. Junge und schon erwachsene Rückenschwimmer und Wasserkäfer, Fische und Ringelnattern fressen Kaulquappen, und Molche verspeisen sowohl Kaulquappen als auch Eier, der glibbrige Laichrest bleibt zurück.

Der Froschnachwuchs liefert vielen Arten nach dem kargen Winter wertvolle Nahrung. Die nächste hoffnungsvolle Froschgeneration dient in der Natur auch dazubandere Tiere zu ernähren.

Wer sich nachts in den Garten schleicht, hört den Teich, lange bevor er ihn sieht.

Zeit des Aufbruchs
Schon im Vorfrühjahr beginnt das Wachstum der Teichufer- und Seichtwasserpflanzen.

ERDKRÖTE
Bufo bufo

Die Erdkröte ist mit ihrer warzigen, olivbraunen Haut und den bernsteinfarbenen Augen eine echte Schönheit. Im Gegensatz zum Grasfrosch (siehe S. 166–167) kriecht sie eher, als dass sie hüpft. Weil sie eine trockene Haut hat, muss sie nicht so viel Zeit im Wasser verbringen. Man findet sie deshalb eher unter Holzhaufen als im Teich.

Sie ist Europas vierthäufigste Amphibie und nur in Island, Irland, Nordskandinavien und auf einigen Inseln im Mittelmeer nicht beheimatet. Bei der Wahl ihres Lebensraums ist sie unkompliziert und daher auch in Gärten anzutreffen. Erwachsene Tiere ernähren sich von Wirbellosen wie etwa Ameisen, Käfern und kleinen Schnecken.

FORTPFLANZUNG

Kröten paaren sich im Frühjahr in größeren, tiefen Gewässern, in denen oft Fische

Dank ihrer warzigen, trockenen Haut können sich Erdkröten lange außerhalb von Gewässern aufhalten, wenn keine Paarungszeit ist.

Die bernsteinfarbenen Augen haben waagerechte Schlitze.

Vorsicht: giftig!
Erdkröten tragen Giftdrüsen auf der Haut. Viele Fressfeinde verschmähen sie deshalb.

leben. Meist wählen sie den Teich, in dem sie auch zur Welt gekommen sind. Der Liebesakt im Wasser, bei dem sich das Männchen auf das Weibchen setzt und es festhält, kann Stunden dauern. Am Ende legt das Weibchen lange Laichschnüre ins Wasser, die das Männchen sofort befruchtet. Es können sich große Knäuel mit mehreren Männchen bilden, die um ein Weibchen buhlen und sich an ihm festklammern. Manchmal ertrinken die Weibchen.

Die Kaulquappen von Erdkröten sind schwarz und bilden oft Schwärme unter der Wasseroberfläche. Sie fressen zunächst Algen, später auch winzige Wirbellose wie Wasserflöhe. Wenn sich im Sommer Beine bilden, verlassen sie das Wasser.

BUFOTOXINE

Die Erdkröte ist wie die meisten Kröten leicht giftig. Ihre Giftdrüsen auf der Haut schrecken viele Fressfeinde ab. Ein Kontakt kann bei Hunden zu Schaumbildung vor dem Mund und bei Menschen zu leichten Bauchschmerzen führen – nichts Ernstes, aber Grund genug, Kröten nicht anzufassen. Wer sie in die Hand nehmen muss, etwa um sie vor dem Überfahren zu retten, sollte Handschuhe tragen.

MÄNNCHEN UND WEIBCHEN
Kröten kehren zur Paarung in ihr Herkunftsgewässer zurück und nehmen dabei immer denselben Weg. Männchen sind kleiner als Weibchen und klettern unterwegs oft auf ihren Rücken.

KRÖTENLAICH
Das Weibchen wickelt den Laich schnurförmig um Unterwasserpflanzen. Er wird während des Ablegens vom Männchen befruchtet. Nach etwa einer Woche schlüpfen die Kaulquappen.

KAULQUAPPEN
Die schwarzen, gedrungenen Kaulquappen halten sich in großen Schwärmen unter der Wasseroberfläche auf. Sie fressen zunächst Algen, steigen aber später auf tierische Nahrung um.

Pflanzen wie Krebsschere, Hornblatt und Seerosen, die am Teichgrund überwintern, steigen im Erstfrühling, der Frühjahrsmitte also, allmählich wieder an die Oberfläche. Am Ufer erblühen als Erstes Sumpf-Schwertlilie und Sumpfdotterblume. Sie werben früh um Bienen und andere Bestäuber.

Überhaupt beginnt alles in Teichnähe kräftig zu wachsen. Schmetterlinge, Blattminierer, Blattläuse und Zikaden nutzen die Blätter für die Eiablage. Hausspatzen picken Blattläuse und Raupen von den Pflanzen, um ihre Brut zu füttern. Selbst der Schlamm am Teichufer wird genutzt, etwa von Schwalben, die ihre Nester bauen. Manche Bienen- und Wespenarten versiegeln mit etwas Matsch ihre Waben zu Einzelzellen im großen Nest.

In einem trockenen Frühjahr sind Teiche für enorm viele Tiere lebenswichtige Wasserspender. Sie locken Honigbienen an, die auf Seerosen sitzend trinken, und Säugetiere, die zum Ufer kommen. Halten Sie auch Ausschau nach den ersten Fledermäusen, die ab der Dämmerung über die Wasseroberfläche schwirren und sich Mücken, Fliegen und Falter im Flug schnappen.

Schlamm für das Nest Mehlschwalben holen sich Schlamm aus Teichen und bauen damit ihre Nester unter Dachtraufen.

Trinkende Biene
Teiche sind eine wichtige Wasserquelle für Honigbienen. Sie regeln die Temperatur im Bienenstock mit Wasser.

In einem trockenen Frühjahr werden Gartenteiche für viele Tiere zu Wasserspendern.

Für sehr viele Wassertiere ist der Erstfrühling, um den Monat April, die Hauptfortpflanzungszeit. Das gilt für Wasserkäfer und Rückenschwimmer ebenso wie für Eintagsfliegen und Wasserschnecken. Die Kaulquappen sind dann bereits geschlüpft, entwickeln Beine und verwandeln sich von Pflanzen- zu Allesfressern. Selbst auf dem Wasser treibende, tote Insekten oder Reste von Schnecken und Kleinsäugern verschmähen sie nicht. Ist das Nahrungsangebot im Teich nicht ausreichend, machen sie sich übereinander her. Um diesen Kannibalismus zu vermeiden, kann man sie mit Futterflocken für Kaltwasserfische füttern. Diese enthalten allerdings sehr viele Nährstoffe. Geben Sie nicht zu viel auf einmal davon in den Teich, denn sonst kann es zu starkem Algenwuchs kommen.

Werdender Lurch
Im Sommer entwickeln Kaulquappen Beine und verlieren ihren Schwanz.

TEICHMOLCH

Lissotriton vulgaris

Die Art ist in Europa weitverbreitet und nur in den Alpen, in Südfrankreich, auf der Iberischen Halbinsel, in Italien und auf den meisten Mittelmeerinseln nicht beheimatet. Teichmolche werden bis zu 10 cm lang und haben einen grauen bis braunen Körper mit schwarz geflecktem, orangem Bauch. Männchen entwickeln während der Paarungszeit einen weichen Kamm auf Rücken und Schwanz.

Erwachsene Teichmolche sind zwischen Spätwinter und Hochsommer im Teich anzutreffen. Sie ernähren sich von Käfern, kleinen Schnecken und anderen Wirbellosen. In Teichen verspeisen sie auch den Laich und die Kaulquappen von Fröschen. Außerhalb der Paarungszeit halten Molche sich an Land auf. Sie verstecken sich unter Holz- und Steinhaufen, wo sie auch überwintern.

PAARUNG UND ENTWICKLUNG

Das Liebesleben des Teichmolchs ist eine komplizierte Angelegenheit. Im Frühjahr schwimmt das Männchen um ein Weibchen herum und wedelt ihm mit dem Schwanz Pheromone (Sexualduftstoffe) zu. Zeigt das Weibchen Interesse, legt der

Teichmolch
Die gute Tarnung der Molche hat zwei Vorteile: Sie schützt sie vor Fressfeinden und erleichtert ihnen den Beutefang.

Freier einen Spermienhaufen (Spermatophore) ab, den das Weibchen mit seiner Kloake aufnimmt, um die Eier im Körperinneren zu befruchten. Anschließend legt es seine Eier und wickelt jedes einzelne unter Wasser in ein Blatt, etwa einer Bachbunge oder eines Sumpf-Vergissmeinnichts. So deponiert es bis zu 500 Eier, die es mit dem Sperma einer ganzen Reihe von Verehrern befruchtet hat.

Molchlarven sehen aus wie Minimolche und tragen lange, federartige Kiemenbüschel am Kopf. Im Gegensatz zu Fröschen und Kröten entwickeln sie zuerst die Vorderbeine, dann die Hinterbeine. Im Spätsommer verlieren sie mit etwa drei Monaten die äußeren Kiemen. Nun verlassen sie das Wasser und beginnen ihr Dasein als ausgewachsene Molche.

EIER
Das Weibchen legt seine Eier im April und Mai einzeln ab. Dann wickelt sie jedes Ei in das Blatt einer Wasserpflanze, damit es vor Räubern gut geschützt ist.

MOLCHLARVEN
Am Kopf haben die Larven äußere Kiemen, mit denen sie unter Wasser atmen. Sie bleiben bis zum Spätsommer im Teich. Innerhalb dieser Zeit bilden sich die Kiemen zurück.

ERWACHSENE TIERE
Während der Paarungszeit bildet sich auf dem Rücken der Männchen ein gewellter Kamm. Weibchen wie Männchen haben eine gefleckte Unterseite. So sind sie im Wasser besser zu sehen.

VOLLFRÜHLING

Zum Frühjahrsende hin pulsiert das Teichleben. Viele Tiere gehen auf Partnersuche. Die Uferpflanzen werden höher und locken mit Blüten und Blättern Bienen und andere Insekten an. Bestäuber entfalten im Frühjahr ein Maximum an Aktivität. Fast alle trinken Nektar. Er liefert ihnen Energie für die Partnersuche. Bienen füttern ihre Brut mit eiweißreichen Pollen. Schmetterlinge und andere Insekten legen ihre Eier in den Blättern ab.

Auch die Wasserpflanzen bekommen einen Wachstumsschub und besiedeln rasch den ganzen Teich. Werden sie zu dicht, können Sie sie ausdünnen (siehe S. 173). Berücksichtigen Sie aber, dass bereits viele Tierarten im Teich leben, und betrachten Sie die Pflanzen vorher eingehend.

Kaulquappen ähneln immer mehr erwachsenen Tieren und auch Nymphen werden rasch größer. Im Wasser sind bereits Libellenlarven, Wasserkäfer und winzige Schnecken zu sehen. An sonnigen Tagen ruhen Frösche im Teich, während Molche an die Oberfläche kommen, um Kaulquappen nachzustellen. Insekten lassen sich zum Trinken auf Seerosenblättern oder am Teichufer nieder. Auf dem Ast, den Sie für Libellen in die Erde gesteckt haben, landen die ersten Kunstflieger. Doch auch auf anderen Landeplätzen lassen sich Tierarten nieder, um zu fressen – meist Fluginsekten. Regelmäßige Nachtgäste sind Fledermäuse und andere Säugetiere, die ihre Brut versorgen müssen.

Jäger der Nacht
Wer im Dunkeln durch den Garten pirscht, sieht vielleicht Fledermäuse auf Insektenjagd über den Teich fliegen.

FRÜHE ADONISLIBELLE

Pyrrhosoma nymphula

Die weitverbreitete Frühe Adonislibelle gehört zu den ersten Libellen, die im Frühjahr fliegen – in manchen Regionen schwirrt sie bereits im März durch die Lüfte. Das rund 40 mm lange Insekt hält sich in der Nähe von Binnengewässern wie Flüssen, Seen, Kanälen und Gartenteichen auf, wo es jagt und sich Insekten schnappt, die auf Pflanzen sitzen.

Die Männchen sind rot, haben einen vorwiegend schwarzen Thorax und einen schwarz gestreiften Hinterleib. Die Weibchen sind unterschiedlich, aber weniger farbenfroh, mitunter sogar fast schwarz.

Die Männchen verteidigen ihr Revier aggressiv gegen Artgenossen und andere Insekten. Manchmal fliegen sie plötzlich von ihrem Beobachtungsplatz hoch und greifen Eindringlinge an. Wenn die Luft rein ist, kehren sie wieder zurück. Sogar die Nymphen verteidigen ihr Revier unter Wasser, was bei Libellenarten selten ist. Beobachten kann man das jedoch kaum.

FORTPFLANZUNG

Libellen paaren sich im späten Frühjahr und im Sommer. Dabei hält das Männchen das Weibchen am Hals fest. Das Weibchen biegt unterdessen seinen

Adonislibelle
Das Männchen hat einen kräftig roten Hinterleib mit schwarzer Zeichnung und schwarze Beine. Die Flügelspitzen kennzeichnen schwarze Flecke.

Hinterleib so zum Geschlechtsorgan des Männchens, dass sie zusammen das typische »Paarungsrad« bilden. Gemeinsam fliegen sie über das Wasser, bis das Weibchen seine Eier auf Pflanzen knapp unter der Wasseroberfläche legt. Die Nymphen leben bis zu zwei Jahre im Wasser und ernähren sich von den Larven anderer Tiere. Dann kriechen sie an Pflanzenstängeln nach oben, häuten sich und fliegen als Libellen davon. Sie leben noch einige Wochen, lange genug, um sich zu paaren und Eier zu legen.

Der Hinterleib einer Libelle besteht aus mehreren Segmenten. An der Zeichnung der Segmente lässt sich die Art bestimmen.

DAS PAARUNGSRAD

Das Männchen hält sich an einer Pflanze fest und umklammert zugleich den Kopf des Weibchens mit Klauen am Ende seines Hinterleibs. So bleiben sie zusammen, bis die Eier gelegt sind.

LIBELLENWEIBCHEN

Die Weibchen können rot bis fast schwarz gefärbt sein. In Ruhestellung halten Kleinlibellen die Flügel meist angelegt, während sie bei Großlibellen vom Körper abstehen.

SOMMER

Im Sommer ist mein Garten eine regelrechte Wildnis. Den Teich säumen Wildblumen wie Geflügelte Braunwurz und Echter Arznei-Baldrian. Weil ich sie hoch wachsen lasse, kann ich den Teich von Juni bis August fast nicht sehen. Dann mähe ich die Wiese und stutze auch die Pflanzen am Teich.

Ein Stück Vegetation an einer Stelle des Teichs halte ich allerdings durchgehend kurz, damit ich sehen kann, was sich im Wasser tut. Die Kaulquappen der Frösche und Kröten befinden sich im Juli im letzten Stadium ihrer Verwandlung und beginnen schon, aus dem Teich zu kriechen. Ich warte mit angehaltenem Atem auf die ersten Sprünge winziger Frösche im hohen Gras. Mit Rücksicht auf diese Streuner schleiche ich im Hochsommer vorsichtig durch den Garten.

Mein Teich scheint Rückenschwimmern sehr zu gefallen. Sie pflanzen sich darin eifrig fort. Als Erwachsene werden sie stattlich. Mit ihren kräftigen Kiefern beißen sie in ihre Beute und saugen sie aus. Oft bekomme ich sie nicht zu Gesicht, denn sie verbringen die meiste Zeit

Ausgewogene Bepflanzung
Eine Mischung aus Ufer-, Unterwasser- und Schwimmpflanzen bietet einer Vielfalt von Tierarten Nahrung und Schutz.

Cool bleiben
Im Sommer kauern Frösche oft im Schatten am Ufer. Oder sie sitzen mit dem Kopf über der Wasseroberfläche im Teich und warten auf Insekten.

am Teichgrund und kommen nur an die Oberfläche, um unter Wasser mit ausgestrecktem Hinterleib Luft zum Atmen aufzunehmen. Ich sehe gern den Nymphen beim Wachsen zu. Sie sind lebhafte Insekten, die sich unter der Wasseroberfläche mit kreisförmigen Bewegungen jagen.

Ich versuche, im Sommer so oft wie möglich meine Mahlzeiten am Teichufer einzunehmen, denn im und am Wasser gibt es immer etwas Neues zu sehen. Manchmal entdecke ich eine durchsichtige Wurst aus Wasserschneckeneiern an der Unterseite untergetauchter Blätter, beobachte Libellen bei der Paarung oder eine Honigbiene beim Wassertrinken. Wenn ich mich lange genug nicht bewege, schauen auch Vögel auf einen Schluck und ein Bad vorbei. Sie zu beobachten, wenn sie ihren Nachwuchs zum ersten Mal mitbringen, ist ein unvergessliches Erlebnis.

An sehr heißen Tagen ruhen Frösche im Wasser, während Blindschleichen im Holzhaufen neben dem Teich ein Sonnenbad nehmen und Insekten hörbar umhersummen. Irgendein Insekt hat immer sein Hinterteil im Teich, um Eier abzulegen. Manchmal führe ich einen Kescher (siehe S. 96–99) durch das Wasser, fülle weiße Schalen mit dem Inhalt und bewundere die Vielfalt an Kreaturen, die mein Gewässer bewohnt.

Igel auf Nahrungssuche
Die Stacheltiere suchen Teiche gern auf, um auf ihren Streifzügen ihren Durst zu stillen.

In der Dämmerung schwirren Fledermäuse über den Garten, um Mücken zu fangen. Ich habe bisher aber nur eine einzige Art gesehen: die verbreitete Zwergfledermaus, die sich bevorzugt in städtischen Siedlungsgebieten wie dem meinen aufhält. Ich hoffe, es finden sich weitere Arten ein, wenn der Garten älter ist und immer mehr Tiere meinen Teich bevölkern.

Mit Wildkameras beobachte ich nachts Igel. Manchmal lege ich mich mit einer Decke und einem Glas Wein auf die Lauer, um sie live zu sehen. Ich glaube, fünf Tiere besuchen meinen Garten regelmäßig und zwei weitere übernachten hier. Durch Beete, Wiese und Uferlaub legen sie Trampelpfade zum Teich an.

Im und am Wasser gibt es immer etwas Neues zu sehen.

Die geschäftige Zeit, die im Frühling begonnen hat, setzt sich bis in den Sommer fort. Jungamphibien sind kurz davor, das Wasser zu verlassen, um ein neues Leben an Land zu beginnen. Man sollte Gras und andere Pflanzen nun höher wachsen lassen, da dichte Vegetation Jungfröschen, Kröten und Molchen Schutz vor Feinden wie Vögeln und Katzen bietet.

Legen Sie für die gefährdete Amphibienjugend Holzhaufen und ähnliche Lebensräume in Teichnähe an (siehe S. 24–27). Diese Habitate dienen zudem Insekten und anderen Wirbellosen als Lebensraum, sodass Amphibien hier neben einem sicheren Unterschlupf auch einen reich gedeckten Tisch vorfinden.

Auf Wachstumskurs
Für Teichpflanzen ist der Frühsommer eine Zeit des Wachstums und der Entfaltung.

Im Wasser entdecken Sie vielleicht das frische Gelege von Wirbellosen oder Sie können Larven oder Nymphen in den seichten Teicharealen schwimmen sehen. Käfer- und Libellenlarven jagen Kaulquappen oder schnappen sich ertrinkende Insekten wie Fliegen und Bienen, die auf der Oberfläche treiben.

Auch die Uferpflanzen sind kräftig gewachsen. Sie liefern sehr vielen Tieren Nahrung. Für Kleinsäuger und Vögel, die oft in der Nähe von Teichen nisten, beginnt nun eine entscheidende Zeit. Vögel sind auf der Suche nach Insekten und Raupen, um ihre Brut zu füttern, während Bienen und andere Bestäuber Blüten einen Besuch abstatten. Kleinsäuger wie Mäuse verstecken sich im hohen Gras um den Teich, und mit etwas Glück erspäht man eine Ringelnatter, die sich das zunutze macht. Nachts sind Falter unterwegs. Sie fliegen Blüten an und legen ihre Eier zwischen Gras und Blättern ab. Sogar Fledermäuse profitieren von der Ufervegetation, denn sie lockt jede Menge Insekten an.

Reichlich Nachschub
Die Jungvögel der Blaumeisen brauchen in ihren ersten Lebenswochen Unmengen an Larven.

GELBRANDKÄFER

Dytiscus marginalis

Der große, olivbraune Käfer ist in Europa weitverbreitet. Sein Lebensraum sind Teiche, Seen und Kanäle. Er wird rund 3 cm lang und ist deshalb unschwer zu erkennen. Meist kann man ihn nur dann sehen, wenn er an die Wasseroberfläche kommt, um die Luftvorräte unter seinen Deckflügeln zu erneuern.

Er ernährt sich von winzigen Wirbellosen, Kaulquappen und kleinen Fischen.

Mit ihren kräftigen Mundwerkzeugen sind die Käfer in der Lage, viele Wirbellose und sogar kleine Fische zu packen.

Das Weibchen hat Furchen auf den Deckflügeln. So kann sich das Männchen besser festhalten.

Ihren Namen verdankt diese Käferart dem gelben Rand an Thorax und Deckflügeln.

Erwachsene Käfer betreiben nachts Teich-Hopping, wobei sie sich von der Spiegelung des Monds auf der Wasseroberfläche leiten lassen. Manchmal landen sie deshalb versehentlich auf den Motorhauben von Autos und in Pfützen.

PAARUNG UND ENTWICKLUNG

Gelbrandkäfer paaren sich im Wasser. Männliche Tiere haben an ihren Vorderbeinen Saugnäpfe, mit denen sie sich an den Weibchen festhalten. Die Furchen in den Deckflügeln der Weibchen erleichtern das Festhalten. Die Eier lagern die Weibchen in den Blättern der Teichpflanzen.

Die Larven des Gelbrandkäfers sind gefräßige Räuber. Wie die Erwachsenen machen sie sich mit ihren großen Mundwerkzeugen über Wirbellose her. Sie verpuppen sich im feuchten Boden am Ufer, um anschließend ihr aggressives, räuberisches Leben als Erwachsene fortzusetzen – und bestimmt können Sie sie auch in Ihrem Teich beobachten!

Gnadenloser Räuber
Sowohl die Larven als auch die adulten Tiere des Gelbrandkäfers leben räuberisch. Das Weibchen erkennt man an den gefurchten Deckflügeln.

LARVEN
Die Larven des Gelbrandkäfers werden bis zu 5 cm lang. Mit etwas Glück kann man sie im Teich bei der Jagd beobachten. Dieses Exemplar hier attackiert gerade eine Kaulquappe.

LUFT HOLEN
Wer sich am Teichrand auf die Lauer legt, kann mit etwas Glück einen Gelbrandkäfer beim Luft-Tanken beobachten. Er streckt dazu die Spitze seines Hinterleibs aus dem Wasser.

GELBRANDKÄFERMÄNNCHEN
Im Gegensatz zu den Weibchen haben Männchen glatte Deckflügel. An den beiden Vorderbeinen sitzen zudem Haftorgane. Damit hält es Beute fest – und das Weibchen während der Paarung.

Libellen nutzen die steigenden Temperaturen, um ihre Eier unter Wasser auf Teichpflanzen zu legen. Das Männchen bleibt oft bis zur Ablage beim Weibchen – entweder fest mit ihm verbunden oder ganz in der Nähe. Libellenlarven sind nützlich, weil sie Mücken vertilgen. Fledermäuse sorgen dafür, dass die Libellenpopulation im Garten nicht zu groß wird.

Der Hochsommer ist die ideale Zeit zum Keschern (siehe S. 96–99), denn im Teich herrscht pralles Leben. Man bekommt alles ins Netz, von Schwimmkäfern über Wasserflöhe und Libellennymphen bis hin zu Köcherfliegenlarven und Schnecken.

Mittlerweile haben auch die meisten Amphibien das Wasser verlassen und zwischen niedrigem Bewuchs, in hohem Gras und in Holzhaufen Schutz vor Feinden gesucht. Sie verbringen den Rest des Sommers damit, Kleininsekten und andere Wirbellose zu verspeisen. So wachsen sie heran und sind ausgewachsen, bevor sie sich zum Überwintern in Holzstapel, Komposthaufen, Herbstlaub und andere Pflanzenreste zurückziehen. Fortpflanzungsfähig werden sie aber erst in zwei bis drei Jahren.

Im Sommer sinkt der Wasserspiegel von Teichen oft, vor allem bei sehr trockener Witterung. Natürliche Schwankungen sind kein Grund zur Sorge, denn die Tierwelt ist daran angepasst. Auffüllen sollte man Teiche erst, wenn der Wasserspiegel so niedrig wird, dass Säugetiere nicht mehr sicher ins Wasser oder hinausgelangen. Verwenden Sie nach Möglichkeit kein Leitungs-, sondern Regenwasser (siehe S. 178). Manchmal ist es die beste Strategie, auf die ersten Spätsommergewitter zu warten.

Eiablage
Libellenweibchen legen ihre Eier auf Teichpflanzen knapp unter der Wasseroberfläche ab.

BARRENRINGELNATTER

Natrix helvetica

Barrenringelnattern sind mitunter in Gärten anzutreffen, vor allem in der Nähe von Teichen und Komposthaufen. Diese Schlangenart ist völlig harmlos, ungiftig und scheu. Einen Großteil ihres Lebens verbringt sie unter Holzresten und Steinen.

Ausgewachsene Tiere werden bis zu 1,5 m lang und sind olivgrün mit gelbem Kragen. Sie ernähren sich von Amphibien, Fischen, Vögeln und Kleinsäugern, Jungtiere auch von Wirbellosen wie Schnecken. *Natrix helvetica* kommt in England und Wales, Italien, Frankreich, Teilen Deutschlands und der Schweiz vor. Sie gilt seit einigen Jahren als neue Art, war aber früher eine Unterart der Ringelnatter (*Natrix natrix*), die in weiten Teilen Mittel- und Osteuropas beheimatet ist, nicht jedoch auf den Britischen Inseln.

Im Sommer nehmen Ringelnattern gern ein Sonnenbad in der Nähe von Teichen, meist unter Holzstößen oder absichtlich ausgelegten »Schlangenbrettern«. Wer versehentlich eine Schlange stört, sollte sich nicht erschrecken. Sie sondert ein nach Knoblauch stinkendes Sekret ab oder stellt sich tot. Mit diesen für Menschen harmlosen Strategien hält sich die Schlange Feinde vom Leib.

Weibchen werden etwas größer als Männchen.

Ausgezeichnete Schwimmer
Ringelnattern können sehr gut schwimmen und jagen auch in Teichen. Sie verstecken sich gern in der Ufervegetation.

SCHLANGENBRETTER

Wellblechstücke, Dachziegel und andere Materialien heizen sich in der Sonne auf und bieten Schlangen Schutz. Legt man sie ins Gras, können sie sich darunter verkriechen.

FORTPFLANZUNG

Die Weibchen der Barrenringelnatter legen nach der Paarung bis zu 40 weiße Eier in verrottende organische Substanz, wie Kompost- oder Grashaufen. Ausgebrütet werden die Eier von der durch Fäulnis entstehenden Wärme. Von Oktober bis April überwintern Ringelnattern in Kompost- und Holzhaufen, manchmal auch in verlassenen Kaninchenbauten.

Durch die gelbe Halszeichnung kann man Ringelnattern gut von anderen Schlangen und Blindschleichen unterscheiden.

GELEGE

Sollten Ringelnattern in Ihrer Gegend vorkommen, seien Sie vorsichtig, wenn Sie etwas auf den Komposthaufen werfen oder ihn wenden. Vielleicht lagern rund 25 mm große Eier darin.

NAHE VERWANDTE

Die Barrenringelnatter (*Natrix helvetica*) wurde 2017 als neue Art anerkannt. Davor hielt man sie für eine Unterart der Ringelnatter (*Natrix natrix*), die in großen Teilen Europas beheimatet ist.

Zum Sommerende kommt das Teichleben merklich zur Ruhe. Verglichen mit dem Tumult im Frühjahr schalten alle einen Gang zurück. Zwar sind nach wie vor Wasserlarven und -nymphen aktiv, doch halten sie sich überwiegend am Grund des Teichs auf, stellen kleineren Arten nach und versuchen, nicht von jenen gefressen zu werden, die größer sind als sie selbst.

Wenn man jetzt noch Kaulquappen findet, leiden sie womöglich an einer Art »Peter-Pan-Syndrom«. Sie wachsen zwar weiter, entwickeln aber keine Beine. Diese Störung ist in kalten Sommern häufiger, da sich die Metamorphose bei niedrigen Temperaturen langsamer vollzieht. Mitunter verbringen diese Riesenbabys sogar den Winter im Teich. Machen Sie sich keine Sorgen, sie können die kalte Jahreszeit durchaus im Wasser überleben. Manchmal ist die verzögerte Entwicklung von Vorteil, denn im nächsten Frühjahr werden sie früher zu Fröschen als

Für immer jung? Große »Peter-Pan«-Kaulquappen ohne Beine können den Winter überdauern und ihre Entwicklung erst im nächsten Frühjahr vollenden.

Licht ins Dickicht
Wenn Pflanzen absterben oder die Oberfläche zuwuchern, entfernen Sie einen Teil. Das lässt Licht in den Teich und schafft Platz.

diesjährige Kaulquappen und haben so mehr Zeit, sich außerhalb des Wassers die nötige Energie anzufressen, um den zweiten Winter zu überleben.

Mit etwas Glück und spätsommerlichen Niederschlägen erreicht der Teich wieder seine Frühjahrshöhe und haucht dem Garten somit neues Leben ein. Nun ist es auch an der Zeit, ihn etwas auf Vordermann zu bringen. Sie können die Pflanzen an der Oberfläche mitsamt den Algen um die Hälfte reduzieren und das Grün am Ufer etwas auslichten (siehe S. 172–173). Zwar dürften die meisten Amphibien bis dahin den Teich verlassen haben, doch sollte man die Pflanzen trotzdem in einem Eimer abspülen, um nicht versehentlich Tiere zu entsorgen. Das Wasser gießt man in den Teich zurück, die Pflanzen kommen auf den Kompost.

Zum Sommerende kommt das Teichleben merklich zur Ruhe.

GROSSE HEIDELIBELLE

Sympetrum striolatum

Die Große Heidelibelle gehört zu den verbreitetsten Libellenarten in Europa. Sie ist vom späten Frühjahr bis zum Spätherbst in verschiedensten Habitaten anzutreffen, etwa an grasbewachsenen Waldlichtungen, in Kanälen oder Gartenteichen. Dabei entfernt sie sich oft recht weit vom Wasser, um auf Partnersuche oder Beutejagd zu gehen.

Die Männchen sind rot mit gelb gestreiften Beinen, die Weibchen gelbgrün, später matt rotbraun. Man kann sie morgens beobachten, wenn sie sich in der Sonne aufwärmen. In Ruhestellung

Die Flügelflecken können unterschiedliche Farben haben.

Die Flügel sind wie bei allen Großlibellen in Ruhestellung vom Körper abgespreizt. Nur Kleinlibellen legen sie an.

Mit ihren Vorderbeinen packen sie ihre Beute und kehren damit zu ihrem Landeplatz zurück.

Blitzangriff
Die Große Heidelibelle startet blitzschnell von ihrem Sitzplatz und schnappt sich das Beutetier, meist ein Insekt. Dann bringt sie es zurück, um es in Ruhe zu verspeisen.

sind ihre Flügel immer vom Körper abgespreizt. Damit unterscheiden sie sich von den Kleinlibellen, die ihre Flügel anlegen. Haben sie eine Mücke oder ein anderes Tier erbeutet, kehren sie zu ihrem Lieblingsplatz zurück, um sie zu verspeisen. Wer also einen Landeplatz für Libellen an seinem Teich einrichtet, bekommt ziemlich sicher Libellen als Gäste (siehe S. 24–25).

FORTPFLANZUNG

Libellen paaren sich im Sommer. Männchen und Weibchen bilden ein »Paarungsrad«. Dabei umklammert das Männchen das Weibchen am Hals. Das Weibchen biegt seinen Hinterleib nach oben zu dem des Männchens, damit es die Eier befruchtet. Das Gelege platziert es auf Teichpflanzen knapp unter der Wasseroberfläche, oft noch mit dem Männchen im Schlepptau. Aus den im Sommer gelegten Eiern schlüpfen nach wenigen Wochen Larven, aus den später gelegten Eiern erst im nächsten Frühjahr. Sie leben räuberisch, verspeisen also andere Wasserlarven und aquatische Wirbellose, etwa Wasserflöhe, Schnecken und Kaulquappen. Sie schlüpfen ein Jahr später zwischen Juni und Oktober. Dazu klettern sie einen Stängel hoch und werfen dort ihre letzte Hülle ab.

NYMPHEN

Die im Wasser lebenden, unscheinbar gefärbten Nymphen sind gefräßige Räuber. Sie verspeisen mit ihren kräftigen Kiefern vielerlei Teichtiere, unter anderem Kaulquappen.

SCHLÜPFEN

An den Stängeln von Teichpflanzen kann man oft Libellennymphen beobachten, die sich dort zum letzten Mal häuten. Sie fliegen erst davon, wenn ihre Flügel ausgehärtet sind.

DAS PAARUNGSRAD

Männchen und Weibchen bilden bei der Befruchtung der Eier ein Paarungsrad. Anschließend bleibt das Männchen noch beim Weibchen, bis es seine Eier abgelegt hat.

HERBST

Im Herbst wird es still am Teich. Die Kaulquappen sind verschwunden, und auch andere Wasserbewohner wie Rückenschwimmer oder Schwebfliegen haben das Erwachsenenstadium erreicht. Ich blicke ins Wasser und sehe – nichts.

Wohin die ganzen Jungfrösche und -kröten im Herbst verschwinden, weiß ich nicht. Vermutlich machen sie es sich unter Holz oder im Komposthaufen am Gartenende gemütlich. Ich sehe sie ein letztes Mal im Spätsommer, wenn sie dem Teich den Rücken kehren. Dann wimmelt es in der Wiese von kleinen Körpern, die zu ihrem Versteck hüpfen oder kriechen. Manche Frösche überwintern zweifellos im Schlamm am Teichgrund. Ich halte an sonnigen Wintertagen nach ihnen Ausschau, hatte aber noch nicht das Glück, einem zu begegnen.

Im Frühherbst mähe ich die Wiese. Endlich kann ich den Teich von meiner Gartentür aus in seiner ganzen Pracht sehen – zum ersten Mal seit Wochen kann ich wieder Vögel beim Baden beobachten. Damit kein Tier zu Schaden kommt, gehe ich etappenweise vor und lasse das Gras noch bis Oktober an einigen Stellen hoch. Zuerst gehe ich mit einem Besen durch die Wiese, um Getier aufzuspüren, das ich dann zu Holzstapeln verfrachte. Anschließend kürze ich das Gras mit einer

Herbstteich
Wenn Flora und Fauna sich auf den Winter vorbereiten, kehrt am Teich Ruhe ein.

Badegäste
Hausspatzen gehören zu den häufigsten Teichbesuchern.

Heckenschere erst einmal um die Hälfte und suche es ein zweites Mal nach Lebewesen ab. Dann mähe ich mit einem Trimmer. Das klingt arbeitsintensiv, doch ich habe einen kleinen Garten. Außerdem kann ich so sicher sein, kein Tier zu verletzen. In der Regel entdecke ich zwischen den Gräsern und Wildblumen Untermieter, die mir sonst nicht über den Weg laufen, etwa fette Raupen, die ein oder andere Maus sowie Kröten.

Das kleine Stück Wiese neben dem Teich mähe ich gar nicht. Es dient als Zwischenstation für die Teichfauna, die das Wasser noch nicht verlassen hat, oder für die Tiere, die sich schon in die große, weite Welt aufgemacht haben, aber weiterhin einen Zufluchtsort brauchen. Zudem sehe ich gern zu, wie die Blüten und Gräser nachlassen, bis Fröste ihnen endgültig den Garaus machen. Im Frühjahr sieht man kaum noch einen Unterschied zwischen dem gemähten und nicht gemähten Teil der Wiese.

Im Garten siedle ich zwar Gewächse um, die nicht dort gewachsen sind, wo ich sie haben will, verzichte aber anders als

Samenstände bleiben stehen, denn alles wird auf irgendeine Weise von Tieren genutzt.

viele Gartenbesitzer auf den großen Herbstputz. Samenstände lasse ich stehen und Pflanzen vor sich hin verrotten, denn alles wird in irgendeiner Art und Weise von Tieren genutzt. Ich mulche den Boden mit Laubhumus, den ich aus dem Herbstlaub des vergangenen Jahres hinter den Schuppen in Säcken angesetzt habe. Er steckt voller Getier, das Amphibien und Vögeln als Nahrung dient. So kann ich Amseln beobachten, die ihn durchwühlen, und bin überzeugt, dass sich auch Frösche und Kröten hier den ein oder anderen Käfer schmecken lassen.

Was ich allerdings aufräume, ist der Teich selbst. Bachbunge und Sumpf-Vergissmeinnicht haben ihn inzwischen vollständig zugewuchert. Ich lege mindestens ein Drittel der Oberfläche wieder frei. Dabei entferne ich Algen und Wasserlinsen sowie Herbstlaub und anderen Unrat, der nur die Algen wachsen lässt (siehe S. 172–173). All das kommt ein paar Tage lang in einen Eimer, damit nicht versehentlich blinde Passagiere auf dem Kompost landen.

Räumaktion
Im Herbst ist es an der Zeit, den zugewucherten Teich wieder frei zu bekommen.

Ein paar Wochen lang versucht der Teich verzweifelt, seinen Sommerputz zu bewahren. Noch sieht man vielleicht Seerosen blühen und Pflanzen wachsen. Die Wirbellosen haben ihren Lebenszyklus aber schon vollendet, und so fährt das Teichleben drastisch herunter. Keine Mückenlarve tanzt mehr über das Wasser, keine Rückenschwimmernymphe jagt mehr eine andere. Kaulquappen sind nur noch eine ferne Erinnerung. Und selbst die Amphibienjugend ist verschwunden.

Wird der Teich noch von hohem Gras und Wildblumen gesäumt, so säen sie sich jetzt aus. Halten Sie Ausschau nach den Samensammlern. Vögel klammern sich an die dünnen Stängel, die sich unter ihrem Gewicht fast bis zum Boden neigen, und holen sich Leckerbissen aus den Samenständen. Manchmal

Körnerfresser
Kleinsäuger wie diese Rötelmaus machen kurzen Prozess mit Herbstsamen.

Späte Blüte
Seerosen blühen mitunter bis in den Frühherbst hinein.

sieht man sogar Mäuse Samenstände abbeißen, damit sie zu Boden fallen, wo sie leichter zu leeren sind.

Wie alle Topfpflanzen müssen auch Wasserpflanzen gelegentlich umgetopft werden. Jetzt ist die Gelegenheit dazu, denn noch ist das Wasser nicht allzu kalt (siehe S. 173). Stören Sie dabei aber nicht die Teichbewohner, die sich im Blattwerk verstecken. Müssen Pflanzen geteilt werden, wartet man damit besser bis zum Frühjahr, wenn sie austreiben (siehe S. 174).

Holzstämme, Steine, Komposthaufen und Ritzen in Zäunen oder unter Schuppen werden nun zu Zufluchtsorten. Hier können Molche, Wasserläufer & Co. überwintern. Amphibien suchen sich eher feuchte, Insekten trockenere Quartiere. An milden Tagen kann man noch den ein oder anderen Frosch am Teich sitzen sehen. Die Weibchen sind dick vom Laich, den sie bereits jetzt in sich tragen, um ihn im Frühjahr abzulegen.

Kaulquappen sind nur noch eine ferne Erinnerung.

ZWERGFLEDERMAUS
Pipistrellus pipistrellus

Sie ist die in Europa verbreitetste Fledermaus. Ihr Lebensraum sind ländliche Gegenden und auch Siedlungen. Schwirrt eine Fledermaus über Ihren Garten, handelt es sich meist um *Pipistrellus pipistrellus*. Ihr pfeilschneller Zickzackflug ist unverkennbar. Wie die meisten Fledermäuse ernährt sie sich von Insekten, die sie mittels Echoortung fängt: Sie stößt Laute aus, die von der Beute zu ihr zurückgeworfen werden. So erkennt sie Entfernung und Flugrichtung und schnappt sie sich im Flug. Wer Fledermausrufe hören möchte, braucht aber einen speziellen Detektor, denn die der meisten Arten bewegen sich in einem Frequenzbereich über 20 kHz, also jenseits des für Menschen hörbaren Spektrums. Die Rufe der Zwergfledermaus liegen im Bereich von 45 kHz, die der verwandten, erst 1999 als eigene Art eingestuften Mückenfledermaus bei 55 kHz.

Jagdflieger
Teiche sind für Fledermäuse eine wertvolle Insektenweide. Sie »ernten« ihre Beute während ihres Flugs über das Wasser.

Jede Fledermausart hat ihre Lieblingsnahrung – bei der Zwergfledermaus sind es Fliegen und Mücken. Pro Nacht verleibt sie sich bis zu 3000 Exemplare im Flug ein.

FORTPFLANZUNG

Zwergfledermäuse schlafen je nach Jahreszeit an anderen Orten. Oft verstecken sie sich gemeinsam unter Dachziegeln, in Baumhöhlen oder in Fledermauskästen. Die Weibchen tun sich im Sommer zu sogenannten Wochenstuben zusammen, in denen sie im Juni oder Juli ein, gelegentlich auch zwei Junge zur Welt bringen. Sie säugen sie drei bis vier Wochen lang. Dann lernen die Jungtiere fliegen und begeben sich schon nach sechs Wochen selbstständig auf Nahrungssuche.

Kurz nachdem die Jungen ausfliegen, bilden sich Paarungsquartiere, oft in der Nähe der Winterquartiere. Dort balzen die Männchen mit Singflügen um die Weibchen. Die Paarungsquartiere haben von Juli bis Oktober Bestand. Fledermäuse paaren sich meist im September. Den Samen der Männchen speichern die Weibchen in ihrem Körper, um damit im nächsten Frühjahr ihre Eier zu befruchten.

FLEDERMAUSKASTEN
Natürliche Fledermausquartiere sind oft Mangelware, vor allem in Städten. Mit Teichen lockt man die Flugkünstler in den Garten, mit Kästen wie diesem lädt man sie zum Bleiben ein.

SEHEN MIT DEN OHREN
Fledermausohren sind im Verhältnis zum Körper sehr groß. Die Tiere orten Insekten über die von den Körpern zurückgeworfenen Laute. Fledermausrufe dienen aber auch der Kommunikation.

SPEISEPLAN
Die meisten Fledermausarten ernähren sich von Insekten wie Faltern und Mücken, die sie im Flug erbeuten. Manchmal holen sie sich ihre Mahlzeiten auch von Blättern und Borken.

VOLLHERBST

Mit fortschreitendem Herbst sinkt der Garten förmlich in sich zusammen. Die Samen fallen zu Boden, Blätter und Triebe werden braun und sterben ab. Der Teich indes wirkt jetzt größer als zuvor, denn die Pflanzen am Rand ziehen sich zurück und geben den Blick auf mehr Wasserfläche frei.

Seerosen bilden sich bis auf ihren Wurzelstock ins Pflanzgefäß zurück. Wer sie neu gepflanzt hat, sollte prüfen, ob sie in der richtigen Tiefe stehen – also unter der Eisschicht, die sich bald bildet. Unterwasser- und Schwimmpflanzen sinken auf den Grund. Sie wirken wie abgestorben, doch die meisten steigen im Frühjahr wieder wie Phönix aus der Asche auf.

Hohes Gras neben dem Teich kann man nun mähen (siehe S. 173–174), doch sollte man es zuvor nach Tieren absuchen. Viele Arten, auch Wasserläufer und -käfer, überwintern in Teichnähe. Seien Sie beim Rückschnitt besonders vorsichtig, sonst legen Sie vielleicht Insekten frei, die dann leichter zur Beute von Fressfeinden werden. Suchen Sie auch Pflanzen ab, die Sie auf den Kompost werfen. Am besten ist ein offener Komposter, damit übersehenes Kleingetier sich retten kann. Ich lasse außerdem eine Pufferzone am Teich ganz unangetastet.

Im Vollherbst wird es auch Zeit, den Teich freizuräumen. Holen Sie Herbstlaub und alte Stängel (siehe S. 173) heraus und schneiden Sie die Vegetation so zurück, dass sie nicht mehr als zwei Drittel der Wasseroberfläche bedeckt. Übertreiben Sie es aber mit dem Saubermachen nicht: Der Schlamm am Grund ist für viele Tiere überlebenswichtig.

Schutzzonen schaffen
Lassen Sie Pflanzen wie die Flatterbinse (*Juncus effusus*, Bild) stehen. Sie dient Insekten bis zum Frühjahr als Winterquartier.

BRAUNBRUSTIGEL

Erinaceus europaeus

Der Braunbrustigel ist eine von weltweit rund 17 Igelarten und das einzige stacheltragende Säugetier in unseren Breiten. Auf seinem rundlichen, braunen Körper sitzen Stacheln mit gelblicher Spitze; Gesicht und Brust sind behaart. Da Igel überwiegend nachtaktiv sind, kann man sie in Sommernächten im Garten herumschnüffeln sehen. Ein gutes Indiz für ihre Anwesenheit sind rund 5 cm lange, schwarze Kotwürstchen; sie enthalten oft Reste von Käferdeckflügeln. Obwohl Igel als Schneckenvertilger gelten, fressen sie auch andere Wirbellose wie Käfer, Raupen und Regenwürmer. Vermutlich meiden sie Schnecken, da sie ihnen Lungenwürmer übertragen können. Selbst Amphibien und Vogeleier stehen auf ihrem Speiseplan. Wer Igel füttern will, bietet ihnen am besten Katzen- oder Hundefutter an – vor allem Katzensnacks mögen sie.

FORTPFLANZUNG

Igel paaren sich in der Zeit von Mai bis August. Das Männchen umkreist dabei das Weibchen, manchmal stundenlang.

Igelstachel sind modifizierte Haare. Sie sind innen hohl und mit einem Muskel versehen. So kann der Igel sie aufrichten, sobald er sich bedroht fühlt.

Gesicht und Bauch des Igels sind mit borstigem Haar bedeckt.

Es versucht, seine Angebetete von der Ernsthaftigkeit seines Ansinnens zu überzeugen, denn sie muss ihre Stacheln anlegen, sonst besteht beim Freier Verletzungsgefahr! Nach einer Tragezeit von vier bis fünf Wochen bringt das Weibchen bis zu sieben blinde, haarlose Jungigel mit noch weichen, in die Haut eingebetteten Stacheln zur Welt. In den ersten Wochen werden sie gesäugt, dann begleiten sie die Mutter auf ihren Streifzügen. Nach einigen Wochen sind sie selbstständig und werden zu Einzelgängern.

In wärmeren Regionen kommt es bisweilen zu einem zweiten Wurf im September. »Herbstigel« haben aber oft nicht mehr genügend Zeit, sich Fett für den Winter anzufressen. Sie überleben die kalte Jahreszeit nur selten.

Winterschlaf halten Igel von etwa Oktober bis März. Je nach Witterung fressen sie vorher noch so viel wie möglich, um genug Energiereserven zu haben. Sie überwintern unter Hecken, in großen Holz- und Reisigstapeln oder in Komposthaufen, die man mit Herbstlaub und anderen Materialien auffüllen kann, wenn man es ihnen gemütlich machen will.

Igeltränke
Teiche sind eine sichere Trinkwasserquelle für Igel. Als Zugang zum Wasser brauchen sie jedoch eine Uferrampe oder einen Steinhaufen.

EIN PLATZ DIREKT AM WASSER
Da Igel leicht dehydrieren, sind Teiche und andere flache Gewässer in trockenen Jahren sehr wichtig für sie. Um zu überleben, brauchen sie stets ungehinderten Zugang zu Wasser.

AM TAG UNTERWEGS
Nicht selten wachen Igel in der kalten Jahreszeit aus ihrem Winterschlaf auf und werden aktiv. Findet man sichtlich kranke oder geschwächte Tiere, sollte man sie zu einer Igelstation bringen.

WINTERSCHLAF
Igel verkriechen sich von Oktober bis März im Laub, unter Hecken oder im Kompost und halten Winterschlaf. In dieser Zeit darf man sie nicht stören, auch nicht durch Gartenarbeiten.

Ihr Teich dämmert nun in den Winterschlaf. Die Uferbepflanzung ist geschnitten, totes Material entfernt. Zwar genehmigen sich mitunter noch Vögel ein Bad und Säugetiere einen Drink an der Teichbar, aber alle Tiere, die das Wasser zum Leben und zur Fortpflanzung genutzt haben, machen Pause. Die Amphibien haben ihr Winterquartier bezogen, obwohl man an milden Tagen noch das eine oder andere Froschmännchen quaken hört – vielleicht weil es glaubt, der Winter sei schon vorbei.

Insekten wie Wasserläufer, aber auch andere Wirbellose überwintern in einiger Entfernung vom Teich, oft sogar zu mehreren. Andere verbringen die kalte Jahreszeit im Schlamm am Teichgrund und kommen nur gelegentlich an die Oberfläche, um ihre Luftvorräte aufzufrischen, etwa der Wasserkäfer. Frösche ziehen sich unter Kompost oder in Holzstapel zurück. Manche bleiben im Schlamm und atmen durch die Haut. An sonnigen Tagen kann man sie am Grund schwimmen sehen.

Tränke
Säugetiere wie dieses Eichhörnchen kommen regelmäßig zum Teich, um ihren Durst zu löschen.

Wespe im Winterschlaf
Wespenköniginnen überwintern in den Hohlräumen von Bäumen. Im Frühjahr brechen sie auf und gründen einen neuen Staat.

Insekten und andere Wirbellose begeben sich in ihre Verstecke. Fast alles eignet sich als Hibernarium (Winterquartier). Komposthaufen sollte man nun nicht mehr wenden, da sie allerlei Getier Zuflucht bieten, von Hummelköniginnen über Laufkäfer bis zu Mäusen und Igeln. Blindschleichen vergraben sich in der Erde, Schmetterlinge verstecken sich hinter Kletterpflanzen oder unter Schuppendächern, und Wespenköniginnen ziehen sich in ihre Gemächer hinter dicker Baumborke zurück.

Laubhaufen sind eine Extraeinladung für Insekten und Amphibien auf der Suche nach Winterunterkünften und doppelt von Vorteil, wenn der Rückweg zum Wasser im Frühjahr kurz ist. Aus Pflöcken und Maschendraht kann man Laubkäfige für sie anfertigen. Lassen Sie aber am unteren Ende eine Lücke, damit Amphibien hindurchschlüpfen können. Wer es Tieren im Winter behaglich macht, darf im nächsten Jahr auf ein reicheres – und lauteres – Tierleben im Garten hoffen.

Haufen aus Herbstlaub dienen Insekten als Winterquartiere.

GEMEINER RÜCKENSCHWIMMER

Notonecta glauca

Der Gemeine Rückenschwimmer ist eine in Europa, Nordafrika und Asien verbreitete Wasserwanze. Er wird bis zu 2 cm lang und schwimmt, wie der Name verrät, auf dem Rücken. Seine langen, flachen Ruderbeine sind bestens ans Schwimmen angepasst. Mit seiner Körperbehaarung fängt das Tier die Luft auf, die es zum Atmen nutzt. So bildet es eine Lufthülle, die ihm einen silbrigen Glanz verleiht und seinen Körper auch unter Wasser trocken hält. Erwachsene Tiere fliegen zwischen mehreren Habitaten hin und her und gehören daher oft zu den Pionieren, die neue Teiche zuerst besiedeln.

Der Rückenschwimmer lebt in verschiedenen Gewässern, von Teichen über Wasserfässer bis zu Viehtränken. Der gefräßige Räuber verspeist Insekten auf der Oberfläche ebenso gern wie Kaulquappen und kleine Fische. Er packt sie mit seinen kräftigen, kurzen Vorderbeinen und saugt sie mit seinem schnabelartigen Stechrüssel aus. Vorsicht beim Keschern oder Säubern des Teichs – sein Stich ist schmerzhaft.

FORTPFLANZUNG

Rückenschwimmer paaren sich im Frühjahr. Das Weibchen legt seine länglichen Eier unter Wasser in Pflanzen. Aus ihnen

Wer beim Keschern einen Rückenschwimmer fängt, kann mitunter die Luft zwischen den Haaren sehen. Sie sieht aus wie ein silbriger Überzug.

schlüpfen Nymphen, die eine unvollkommene Metamorphose durchlaufen. Sie haben wesentlich kürzere Hinterleibe und weniger entwickelte Flügel als adulte Tiere. Im Herbst werden sie nach fünf Stadien erwachsen und überwintern dann meist im Teich.

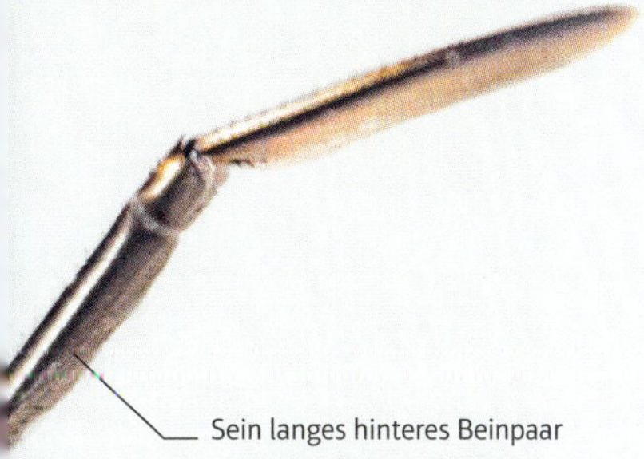

Sein langes hinteres Beinpaar nutzt der Rückenschwimmer zum Rudern. Mit den kürzeren vorderen und mittleren Beinen krallt er sich Beute.

Bauch nach oben
Rückenschwimmer paddeln über das Wasser und schnappen sich Insekten auf der Oberfläche. Mit ihren typischen Gleitbewegungen sind sie im Teich nicht zu übersehen.

NYMPHE
Wie die adulten Tiere sind auch die Nymphen erfolgreiche Räuber. Im letzten Nymphenstadium entwickeln sie fertige Flügel. Mit ihren großen Augen können sie ausgezeichnet sehen.

AUF INSEKTENJAGD
Rückenschwimmer können blitzschnell schwimmen, wenn sie auf der Wasseroberfläche eine Bewegung feststellen. Sie fangen ihre Beute mit den Beinen und stechen sie mit ihrem Rüssel.

ATMEN
Der Rückenschwimmer verbringt zwar die meiste Zeit unter Wasser, holt sich seine Atemluft aber an der Oberfläche. Sie umgibt ihn wie ein Film, hält ihn trocken und versorgt ihn mit Sauerstoff.

WINTER

Ich mag meinen Teich auch im Winter.
Er liegt nun still und starr da und strahlt
eine beschauliche Ruhe aus, die sich auf
den gesamten Garten überträgt.

In die Vogelhäuschen gebe ich Sonnenblumenkerne und Fettfutter. Auch das Vogelbad halte ich gefüllt, obwohl die Tiere ganz offensichtlich den Teich bevorzugen, in dem sie sich nach wie vor täglich ihrer Körperpflege widmen. Hausspatzen fliegen ihn in Scharen an; sie drängeln sich geradezu auf dem für die Libellen aufgestellten Ast, bevor sie sich ins Wasser stürzen. Sekunden später verlassen sie es wieder und sehen dann wie nasse Ratten aus. Am anderen Teichende nehmen die Amseln ein Bad – sie lassen sich mehr Zeit. Auch Rotkehlchen hechten hinein, während der Stieglitz viel zu sehr mit den letzten Flockenblumensamen beschäftigt ist, um sich mit so trivialen Dingen wie Baden abzugeben.

Im Winter ist die Vogelwelt in meinem Garten sehr aktiv. Meisen und Finken kommen auf der Suche nach Futter in Scharen vorbei. Während im Frühjahr nur ein bis zwei Kohl- oder Blaumeisen aufkreuzen, zähle ich im Winter manchmal zehn auf einmal. Zu den Stieglitzen, die sich in losen Familienverbänden einfinden, gesellen

Teiche im Winter
Schnee und Eis verändern den Teich. Sie betonen die Schönheit seiner Strukturen.

Hungrige Kohlmeisen Im Winter kann man vagabundierende Meisencliquen auf gemeinsamer Futtersuche beobachten. Im Sommer zerstreuen sich die Gruppen wieder.

sich rund 20 Grünfinken. Leider hat das Grünfinkensterben ihre Zahl in den vergangenen Jahren deutlich reduziert. Ursache ist ein Parasit, der die Nahrungsaufnahme beeinträchtigt. Ich freue mich, wenn sie mich besuchen, denn in meinem Garten können sie sich geschützt aufhalten. Um eine Übertragung der Krankheit zu vermeiden, reinige ich regelmäßig die Futterstellen.

Ausschau halte ich nach Wintergästen wie Rot- und Wacholderdrosseln, die aus Skandinavien kommen. Überhaupt kommen im Winter viele Besucher: Waldschnepfen aus Finnland und Russland etwa werden in Londoner Gärten oft gesichtet. Bergfinken und Birkenzeisige wagen sich in Gärten, wenn sie in freier Natur kaum noch Nahrung finden. So lohnt es sich im Winter immer, den Himmel und den Garten zu beobachten.

Igel halten nun Winterschlaf, auch wenn sie gelegentlich aufwachen und am Teich trinken oder sich Katzenfutter holen. Um Brighton ist es im Winter so mild, dass die Igel selten ununterbrochen von November bis März schlummern. Ich lege ihnen Futter nach draußen, bis es nicht mehr verschwindet. Außerdem lasse ich meine Wildkameras an, um kranke oder unterernährte Tiere aufzuspüren, die vielleicht Hilfe brauchen.

Manchmal, doch leider nur sehr selten friert der Teich zu. Lange Frostperioden haben wir hier in Brighton nicht, aber etwas Eis im Winter vermittelt mir, dass sich die Welt weiterdreht und der jahreszeitliche Wandel noch halbwegs funktioniert, auch wenn man wenig davon sieht.

Wenn sich der Winter dem Ende zuneigt, kann ich den Frühling kaum mehr abwarten. Eis und Frost sind noch längst nicht besiegt, doch es gibt schon milde Tage – und mit ihnen kommen die Frösche. Ich warte auf die ersten Froschlaich-Ankündigungen auf Twitter und weiß dann irgendwann, dass es nicht mehr lange dauern wird, bis ich in meinem Teich den ersten entdecke. Der Winter ist die dunkelste Jahreszeit, aber für mich ist die Hälfte davon schon Frühjahr – oder zumindest die Vorbereitung darauf. Dann sitze ich am Teich und suche nach ersten Lebenszeichen oder stelle Wildkameras auf, um Amphibien zu Paarungsorgien eintreffen zu sehen. Das Winterende ist meine liebste Jahreszeit. Denn sie steht für Aufbruch.

Rotdrossel
Sie taucht im Winter oft in Scharen auf. Man kann sie bei der Suche nach Beeren und Würmern beobachten.

Im Frühwinter wird es Zeit, sich um die Vögel zu kümmern. Sie brauchen Wasser zum Trinken und Baden, nehmen den Teich also gern in Anspruch. Wer Samenstände um das Gewässer herum stehen lässt, wird Stieglitze und Spatzen beobachten können, die sich an den Körnchen gütlich tun. An milden Tagen sieht man Amseln und Rotkehlchen, wie sie die Ufervegetation nach Würmern, Larven und Insekten absuchen. Beerengehölze liefern zusätzliche Leckereien.

Sobald der Boden gefriert, sollten Sie die Vögel füttern, da das natürliche Nahrungsangebot nun dürftig ist. Halbe Äpfel, Samen, Nüsse und etwas geriebenen Käse sowie Brotkrumen nehmen sie gern an. Friert der Teich zu, stellen Sie täglich eine Schale mit frischem Wasser nach draußen, damit sie weiter trinken und baden können. Nun werden Sie auch viele Wintergäste entdecken. Sie stammen aus kälteren Regionen und fliegen in der Regel nach Süden oder Westen. In Mitteleuropa treffen Scharen von Rot- und Wacholderdrosseln, Seidenschwänzen

Zusatzration
Amseln und andere Bodenfresser tun sich bei kaltem, gefrorenem Untergrund schwer, Futter zu finden. Zusätzliche Happen wie halbierte Äpfel können ihr Überleben sichern.

Reinecke zu Besuch
Füchse durchstreifen im Winter ein kleineres Revier und sind deshalb auch häufiger in Gärten zu sehen.

und Kernbeißern aus Russland und Skandinavien ein. Auch Rotkehlchen und Amseln wechseln im Winter ihr Revier. Man sollte daher nie davon ausgehen, dass etwa das Rotkehlchen im Garten 365 Tage im Jahr ein- und dasselbe Individuum ist. Wahrscheinlich handelt es sich eher um zwei – eins besucht Sie im Frühjahr und Sommer, das andere im Herbst und Winter.

Oft sind Zugvögel nicht so an den Menschen gewöhnt wie Standvögel und deshalb zu scheu, um sich in belebtere Gartenbereiche zu wagen. Liegt der Teich exponiert, stellt man eine Wasserschale und vielleicht etwas Futter an einer ruhigeren Stelle auf, sodass sie ungestört fressen und trinken können.

Füchse halten keinen Winterschlaf und statten Gärten weiterhin ihren Besuch ab. Igel dagegen ziehen sich zurück. In milden Nächten streifen sie manchmal umher, doch tagsüber sollte man sie nie zu Gesicht bekommen (siehe S. 147).

Halten Sie Ausschau nach den Wintergästen der Vogelwelt.

AMSEL

Turdus merula

Die Amsel ist ein schöner, mittelgroßer, in Europa und Westasien beheimateter Vogel. Das Männchen erkennt man an seinem glänzend schwarzen Gefieder, dem orangegelben Schnabel und orangen Augenringen, während das Weibchen mattbraun ist und eine drosselartige Brustzeichnung trägt. Die Vögel ernähren sich von Wirbellosen, darunter Regenwürmer und Raupen, ebenso wie von Äpfeln, Kirschen und Brombeeren.

Von März bis zum Ende des Sommers lassen die Männchen ihren herrlich melodiösen, hellen Gesang ertönen. Klingt der Sommer aus, kann man jungen Männchen beim Üben für die Balzsaison im nächsten Jahr lauschen. Aus Hecken und Sträuchern dringen ihre verhaltenen, ebenfalls melodiösen, aber eher gurgelnden Laute. Dieser sogenannte Subsong hört sich an, als übe der Vogel leise für sich.

FORTPFLANZUNG

Amseln brüten je nach Wetter von März bis Ende Juli. Das Weibchen baut dazu

Erst im zweiten Jahr färben sich bei Männchen Schnabel und Augenringe orange.

Amseln suchen am Boden nach Insekten, Früchten und Raupen. Dabei wenden sie das Laub mit den Fußkrallen.

ein Nest aus Zweigen und Gras, meist in Bodennähe in einem Busch oder kleinen Baum. Nach der Paarung legt es drei bis fünf gesprenkelte Eier, die zwei Wochen bebrütet werden. Beide Eltern füttern den Nachwuchs mit Würmern und Raupen. Nach zwei Wochen werden die Jungen flügge, doch erst nach einer weiteren Woche können sie richtig fliegen. Drei Wochen nach dem Verlassen des Nests sind sie selbstständig.

Flügge gewordene Vogeljunge bleiben oft in der Obhut des Männchens, während das Weibchen schon die nächste Brut vorbereitet. Die Pflege der dritten und letzten Brut der Saison teilen sich die Eltern in der Regel auf.

Drei Bruten mit bis zu fünf Jungvögeln mag viel erscheinen, doch nur aus 30 bis 40 Prozent der Nester fliegt mindestens ein Jungvogel aus. Katzen, Elstern, Wiesel und auch Eichhörnchen holen sich die Jungen – sowohl direkt aus dem Nest als auch wenn sie flügge geworden sind.

Amselmännchen
Der mittelgroße Vogel mit glänzend schwarzem Gefieder ist das ganze Jahr ein unübersehbarer Gartenbesucher.

AMSELWEIBCHEN
Das Weibchen ist in etwa so groß wie das Männchen, aber braun, und es hat eine gesprenkelte Brust. Amselfrauen sind in der Regel fleißige Nestbauerinnen. Sie bringen bis zu drei Bruten zur Welt.

AMSELNESTER
Amseln nisten in mit feuchter Erde ausgelegten Nestern aus trockenem Gras. Die Weibchen bauen sie in zwei Wochen. Blaugrün und gefleckt sind die Eier wohl zum Schutz vor UV-Strahlen.

FÜTTERUNG
Amseln füttern ihre Jungen oft, bis sie alleine auf Futtersuche gehen können. Immer wieder kann man im Garten große Jungvögel sehen, die ihre Eltern um Nahrung anbetteln.

Der Hochwinter ist die düsterste Zeit des Jahres. Oft ist alles gefroren, sodass überwinternde Amphibien und Teichpflanzen unter einer Eisschicht verborgen sind. Das einzige Lebenszeichen kommt von Vögeln. An den kurzen Tagen haben sie Mühe, genügend Nahrung zu finden, um die Nacht zu überleben. Halten Sie die Futterspender daher stets gut gefüllt. Vogelbäder und Trinkschalen sollten Sie täglich erneuern. Auch Säugetieren tut der eine oder andere Happen gut.

Friert der Teich zu, werden in der Regel nur wenige Zentimeter an der Wasseroberfläche zu Eis. Über 60 cm tiefe Gewässer erstarren selten bis zum Grund, sodass Amphibien und andere Tiere unter der Oberfläche die kalte Zeit sicher überstehen. Lebewesen, die in Gewässern überwintern, haben sich im Lauf der Evolution in der Regel gut an die dortigen Bedingungen angepasst.

Futterspender
Vogelfutter versorgt die Tiere im Winter verlässlich mit Nährstoffen – und gibt Ihnen Gelegenheit, die gefiederten Besucher aus der Nähe zu betrachten.

Längere strenge Frostperioden sind zwar selten geworden, doch es kann dennoch Probleme geben, wenn der Teich wochenlang zufriert. Reichlich verrottendes Pflanzenmaterial unter der Eisdecke verhindert das Austreten schädlicher Gase, das die Tiere vergiften kann (siehe S. 179). Spezielle Eisfreihalter an der Oberfläche verhindern, dass der Teich komplett zufriert. Auch Säugetiere auf der Suche nach einem durststillenden Schluck sind dafür dankbar.

Zugefrorener Teich
Algen sind unter einer dünnen Eisdecke noch zur Fotosynthese fähig, nicht jedoch, wenn auch noch dichter Schnee darauf liegt.

HAUSSPATZ
Passer domesticus

Der kleine, braune Vogel mit dem unverkennbaren »Tschip«-Laut ist überall auf der Welt zu Hause. In Deutschland, Frankreich, Großbritannien und anderen Teilen Europas sind seine Populationen aber rückläufig, vor allem in Städten. Das Männchen hat einen grauen Scheitel und eine schwarze Kehle, die sich bis zur Brust hinunterzieht; der braune Rücken ist schwarz-weiß gestreift. Das gelb-braune Weibchen trägt graue und braune Streifen auf Rücken und Flügeln. Jungtiere beider Geschlechter ähneln dem Weibchen.

Hausspatzen besiedeln strauchige Habitate, Gärten, Parks und Wälder, vor allem wenn Hecken in der Nähe sind. Erwachsene Tiere ernähren sich von Samen, füttern ihre Jungen aber mit Wirbellosen wie Blattläusen und Raupen.

FORTPFLANZUNG

Altvögel leben in lockeren Familienkolonien. Sie nisten und fressen gemeinsam. Paare brüten von April bis August, meist

Mit ihrem kurzen, dicken Schnabel knacken Hausspatzen Samen und Nüsse.

Die Weibchen sind im Gegensatz zu den Männchen gelb-braun gefärbt.

in Haus- und Dachnischen, aber auch in Nistkästen und Hecken. Das Nest ist eine lockere Konstruktion aus trockenem Gras oder Stroh, ausgepolstert mit Federn und anderen weichen Materialien. Spatzenpaare bleiben sich oft treu und nutzen ihren Nistplatz immer wieder. Sie brüten bis zu dreimal im Jahr, in warmen Regionen nisten Hausspatzen ganzjährig.

Das Weibchen legt bis zu fünf Eier auf einmal. Sie werden sowohl vom Weibchen als auch vom Männchen bebrütet. Für die Fütterung der Jungtiere sind beide Eltern zuständig. Sie schlüpfen rund zwei Wochen nach der Eiablage und werden nach weiteren zwei Wochen flügge. Nach dem Verlassen des Nests füttern die Eltern sie aber noch etwa eine Woche lang. Insgesamt bleiben die Jungvögel, nachdem sie flügge geworen sind, noch rund zwei Wochen bei ihren Eltern. In dieser Zeit kümmert sich in der Regel nur noch das Männchen um sie, da das Weibchen schon mit den Vorbereitungen für die nächste Generation beschäftigt ist.

Hausspatz-Weibchen
Der Kopf der gelb-braunen weiblichen Hausspatzen hat dieselbe Farbe wie der Körper.

JUNGVOGELFÜTTERUNG
Wenn kleine Hausspatzen flügge werden, holen ihre Eltern Samen aus Futterhäuschen, um ihren Nachwuchs zu fütten. Hier versorgt ein Männchen sein Junges.

EIN SCHLÜCKCHEN IN EHREN
Wie alle Vögel brauchen auch Hausspatzen Wasser zum Trinken und Baden. Sie nutzen dafür seichte Bereiche von Teichen. Oft baden sie in großen Gruppen mit viel Geschwätz.

EIN BAD IM STAUB
Nach dem Wasserbad nehmen Hausspatzen oft noch ein Staubbad. Sie wälzen sich in trockener Erde und putzen den Staub aus dem Gefieder. Vermutlich entfernen sie damit Parasiten.

Je nach Region regen sich jetzt schon erste Lebenszeichen am Teich. Vielleicht erspähen Sie einen Frosch am Ufer, der signalisiert, dass der Frühling nicht mehr lange auf sich warten lässt. Die Vögel baden und trinken weiterhin emsig, während Säugetiere wie Igel aus dem Winterschlaf erwachen und zum Teichufer kommen, um ihren Durst zu stillen.

Es ist höchste Zeit für letzte Reinigungsarbeiten am Teich, bevor Amphibien und Wirbellose im Wasser auf Partnersuche gehen. Man kann sich zum Beispiel Gerstenstroh beschaffen und es als biologisches Anti-Algen-Mittel ins Wasser streuen (siehe S. 177). Beim Zersetzen gibt es Stoffe frei, die das Algenwachstum hemmen. Man verwendet Stroh am besten in Teichen mit Umwälzpumpe. Bis es wirkt, dauert es je nach Temperaturen rund einen Monat. Wer schon im Winter Stroh ins Wasser wirft, gewährleistet, dass der Zersetzungsprozess bereits beginnt, bevor die Algen sich im Frühjahr schlagartig vermehren können.

Badende Blaumeise
Blaumeisen nutzen den Teich das ganze Jahr über zum Baden und Trinken.

Froschpaar
Auf dem Weg zu den Laichgründen nimmt das Weibchen das kleinere Männchen oft huckepack.

In milden Wintern machen sich Amphibien bereits zu ihren Laichplätzen auf. Halten Sie Ausschau nach Fröschen und Kröten. Sie begeben sich gemeinsam auf Wanderschaft. Auf dieser »gemeinsamen« Reise lässt sich das Männchen ein gutes Stück des Wegs vom Weibchen tragen. Höchste Zeit, in Ihrem Garten für eine ungehinderte Ein- und Ausreise der Tiere zu sorgen: Schneiden Sie ein rund 15 cm großes Loch unten in den Zaun oder das Tor oder graben Sie einen Tunnel darunter, durch den die Tiere passen. Vielleicht können Sie auch Ihre Nachbarn überzeugen, es Ihnen gleichzutun. Miniteiche in Gefäßen brauchen Leitern (siehe S. 54–55), Gartenteiche mit steilen Ufern eine Rampe, einen Ast oder einen Stein, über den Frösche ins Wasser und wieder herauskommen.

Bereiten Sie den Teich für die neue Saison und die Ankunft von Gästen vor.

GRASFROSCH
Rana temporaria

Der Grasfrosch ist in ganz Europa verbreitet, außer im Mittelmeerraum. Er gehört zu den häufigsten Teichbewohnern. Frösche ernähren sich von Fluginsekten, Schnecken und Würmern. Im Sommer können Sie in Teichen Frösche beobachten, die im kühlen Nass in Seelenruhe auf tief fliegende Insekten warten.

FORTPFLANZUNG

Ab dem Spätwinter erwachen Grasfrösche aus dem Winterschlaf und begeben sich zu ihren Laichgründen, oft in großen Reisegesellschaften aus Hunderten Tieren. Im Gegensatz zur standorttreuen Erdkröte sind Frösche der Erschließung von Neuland nicht abgeneigt und daher manchmal die ersten Amphibien, die frisch angelegte Teiche besiedeln.

Während der Paarung umklammert das Männchen das Weibchen. Diese Amplexus genannte Position dient der Befruchtung des Laichs während der Eiablage. Wenn sich mehrere Männchen in Konkurrenz zueinander an ein Weibchen klammern, bilden sich regelrechte

Frösche haben feuchte Haut und müssen sich die meiste Zeit des Jahres in Wassernähe aufhalten. Sie sind stärker auf Teiche angewiesen als andere Amphibien.

Froschweibchen sind meist etwas größer als die Männchen.

Paarungsknäuel. Sie sind für die Angebetete nicht ungefährlich. Überlebt sie den Ansturm, paart sie sich mit dem stärksten Männchen.

Seine Eier legt das Weibchen zusammen mit denen anderer Artgenossinnen ab, sodass große Laichklumpen entstehen. Wochen später schlüpfen die Kaulquappen. Sie ernähren sich von Algen und Detritus, entwickeln sich aber mit der Zeit zu Karnivoren. Gleichzeitig dienen sie selbst vielen Arten als Nahrung, etwa Vögeln, Wasserinsekten und Molchen.

Bei der Metamorphose entstehen zuerst die Hinter-, dann die Vorderbeine. Zuletzt bildet sich der Schwanz zurück. Die Froschlurche verlassen das Wasser im Hochsommer. Sie verstecken sich in dichter Vegetation, ernähren sich von Insekten und kleinen Wirbellosen und suchen sich im Herbst ihr Winterquartier. Nach zwei bis drei Jahren sind sie geschlechtsreif.

Grasfrösche überwintern in Komposthaufen, Holzstapeln oder im Schlamm, Männchen auch am Teichgrund – vielleicht um im Frühjahr die Ersten zu sein, wenn die Party beginnt.

Grasfroschweibchen
Sie entwickeln ihre Eier im Sommer und überwintern mit ihnen. So sind sie im Frühjahr sofort paarungsbereit.

PAARUNG
Kaum haben Grasfrösche ihr Winterquartier verlassen, geht es schon zur Sache. Das Männchen umklammert das Weibchen von hinten und befruchtet den Laich, sobald er abgelegt wird.

KAULQUAPPEN
Die Kaulquappen sind zunächst schwarz, werden aber später braun und bekommen goldgelbe Flecken. Sie verstecken sich oft zwischen Teichpflanzen, denn sie haben sehr viele Feinde.

JUNGFROSCH
Sobald kleine Frösche vier Beine haben und ihr Schwanz absorbiert ist, wagen sie sich aus dem Teich, meist nach Regen im Frühsommer. Sie brauchen dazu eine Rampe mit leichtem Gefälle.

PFLEGEN

EINFÜHRUNG

TEICHPFLEGE

Je länger ein Teich Bestand hat, desto mehr verwandelt er sich von einer großen, wassergefüllten Grube mit einigen Pflanzen darin in ein erstaunlich komplexes Gefüge vielschichtiger Ökosysteme. Pflanzen wachsen und vergehen, Tiere kommen und gehen, der Wasserspiegel steigt und fällt, und auch die Teichtiefe verändert sich mit der Zeit, denn natürliche Zersetzungsprozesse füllen das Gewässer allmählich.

In den ersten Wochen färbt sich der Teich grün. Das ist völlig normal, denn bevor die Pflanzen zu wachsen beginnen, bilden sich im Wasser Algen. Das war in jedem meiner Teiche so. Ich behaupte sogar, dass sich in jedem neu angelegten Teich erst einmal eine Algensuppe bildet. Algen sind natürliche, wichtige Bestandteile eines Teichs – Kaulquappen und andere Tiere ernähren sich von ihnen. Geraten Algen jedoch außer Kontrolle, wird es Zeit, einzugreifen (siehe S. 172–173). Aber keine Panik: Füllen Sie Ihren Teich ausschließlich mit Regenwasser auf und fügen Sie möglichst viele Sauerstoff bildende Schwimm-, Wasser und Uferpflanzen hinzu. Dann klärt sich das Wasser bald wieder, ansonsten gibt es Mittel, um es zu säubern. Des Weiteren reicht es, Laub herauszufischen, den Teich gelegentlich aufzufüllen und Schnee vom Eis zu räumen (siehe S. 174). Aufwendiger kann es werden, wenn Sie sich wie ich im Lauf der Jahre mit Fadenalgenpolstern und Lecks herumschlagen müssen. Einmal habe ich die Teichfolie ausgetauscht – Füchse hatten ein Loch hineingenagt.

Fadenalgen
Manchmal nehmen Fadenalgen überhand. Gegen eine Algenblüte hilft, mehr Pflanzen in den Teich zu setzen und Gerstenstroh hineinzuwerfen.

WIE SIE IHREN TEICH FIT HALTEN

Alle Teiche brauchen gelegentlich etwas Auffrischung. Allerdings stört jeder Eingriff die Tierwelt. Lassen Sie das Gewässer im Frühjahr und Sommer möglichst in Ruhe, denn dann nutzen es zahlreiche Arten. Die beste Zeit für größere Teichpflegearbeiten ist der Herbst, wenn die Teichfauna sich zurückgezogen hat.

REGELMÄSSIGE TEICHPFLEGE

LAUB UND ANDERE PFLANZENRESTE HERAUSHOLEN

WANN? *Bei Bedarf.*

Holen Sie mit einem Kescher Pflanzenreste aus dem Teich, am besten nach starkem Regen. Geben Sie sie vor dem Entsorgen in einen Eimer mit Wasser, damit versehentlich mit herausgefischte Tiere eine Fluchtgelegenheit haben. Selbst im Herbst ist noch Beifang wie Wasserasseln oder Libellenlarven möglich. Befördern Sie ihn ins Wasser zurück.

ALGEN UND ENTENGRÜTZE ENTFERNEN

WANN? *Bei Bedarf.*

Algenpolster können Sie mit einem langen Stock aus dem Wasser holen. Wickeln Sie sie einfach wie Zuckerwatte um den Stock. Für Entengrütze braucht man ein Netz oder Sieb – ein simples Küchensieb genügt. Auch Algen sollte man vor dem

Blätter herausfischen
Ein paar Blätter im Wasser stören nicht. Werden es zu viele, sollten Sie sie herausholen, damit sie sich nicht am Grund ansammeln.

Pflanzen zurückschneiden
Lichten Sie Teichpflanzen aus, damit immer ein Teil der Wasseroberfläche frei bleibt.

Kompostieren in einem Wassereimer zwischenlagern, denn es können sich Tiere darin verstecken. Ich lasse sie immer ein paar Tage stehen. So kann ich retten, was ich beim Herausfischen übersehen habe, etwa Libellenlarven, Kaulquappen und kleinere Wirbellose, kleine Frösche und Kröten. Damit Algen und Entengrütze nicht dominant werden, begrenzen Sie von Anfang an die Nährstoffzufuhr (siehe S. 178).

TEICHPFLANZEN ZURÜCKSCHNEIDEN

WANN? *Bei Bedarf.*
Teichpflanzen sollten idealerweise etwa zwei Drittel der Oberfläche bedecken. Sie nehmen Nährstoffe auf und verhindern so, dass sich zu viele Algen bilden. Gelegentlich schneidet man sie mit einer Gartenschere zurück, vor allem, wenn sie die Oberfläche überwuchern. So gelangt mehr Licht zu den Pflanzen unter Wasser.

TEICHPFLANZEN UMTOPFEN

WANN? Im *Frühjahr oder Frühherbst.*
Heben Sie die Pflanzgefäße mit Handschuhen aus dem Teich. Es macht nichts, wenn die Wurzeln bis in den Schlamm am Teichgrund gewachsen sind. Schneiden Sie alle Triebe auf die passende Länge zurück. Aus dem Topf ragende Wurzeln können Sie stutzen. Dann ziehen Sie die Pflanze behutsam aus dem Gefäß und setzen sie in ein größeres mit frischem Substrat. Große Wurzelballen können Sie teilen, auch wenn Sie die Pflanze vermehren möchten (siehe S. 174). Zum Schluss kommt auf den Ballen eine Deckschicht aus Kies oder Steinen, damit die Erde nicht wegschwimmt. Nun wird die Pflanze wieder an ihren Platz im Teich gestellt.

UFERBEPFLANZUNG ZURÜCKSCHNEIDEN

WANN? *Im Herbst.*
Auch in den Teich hineinragende Uferpflanzen sollten Sie zurückschneiden, damit hineingefallenes Laub durch Zersetzung keine Probleme verursacht. Stutzen Sie sie nach Möglichkeit im Knien, damit Sie nicht ins Wasser fallen. Schneiden Sie überstehende Zweige mit einer Gartenschere ab. Dabei sollte noch so viel von der Pflanze übrig bleiben,

Die Wasserfläche offen halten
Wo ein Ball schwimmt, bleibt ein kleiner Bereich unvereist.

dass sie im Winter Insekten und Kleinamphibien Zuflucht bieten kann. Auch jenseits des Teichs müssen Uferpflanzen mitunter in ihre Schranken verwiesen werden – die Bachbunge etwa wagt sich an Land recht weit vor.

EIS- UND SCHNEEDECKE ENTFERNEN
WANN? *Im Winter.*
Es kommt selten vor, ist aber nicht auszuschließen: Teiche können über mehrere Wochen am Stück zufrieren (siehe S. 179). Für Tiere ist das nicht ungefährlich. Lassen Sie einen Ball im Wasser schwimmen, er verlangsamt die Eisbildung, sodass Säugetiere noch trinken können. Hat sich eine Eisdecke gebildet, darf man sie nicht gewaltsam aufbrechen, denn durch den Schock der Erschütterungen können Tiere sterben. Stellen Sie stattdessen einen Topf mit kochendem Wasser darauf, der langsam ein Loch hineinschmilzt. Räumen Sie Schnee von der Oberfläche, damit die Pflanzen im Wasser weiter Fotosynthese betreiben und Tiere mit Sauerstoff versorgen können.

GELEGENTLICHE TEICHPFLEGE

TEICHPFLANZEN TEILEN
WANN? *Alle 3–5 Jahre im Frühjahr (oder nach der Blüte von Frühjahrsblühern).*
Heben Sie die Pflanze aus dem Teich und schneiden Sie falls nötig Laub zurück, um den Ballen gut zu sehen. Ziehen oder schneiden Sie die Pflanze aus dem Topf. Nun können Sie sie teilen, indem Sie den Wurzelballen auseinanderziehen oder zerschneiden. Dabei sollten an jedem Teilstück ein paar Vegetationspunkte bleiben. Die Stücke werden in Töpfe mit frischem Substrat gesetzt; eine Schicht Kies oder Steine auf dem Ballen verhindert, dass die Erde davonschwimmt, und lässt den Topf stabil stehen. Zum Schluss kommt er wieder in den Teich zurück.

DEN TEICH ENTSCHLAMMEN
WIE OFT? *Alle 5–10 Jahre oder seltener, falls regelmäßig Laub herausgefischt wird.*
WANN? *Im Herbst.*
Diese regelrechte Schlammschlacht bringt den Teich gewaltig in Unordnung. Zuerst

holt man die Pflanzen heraus und gibt das Teichwasser in Eimer, so vorsichtig, dass kein Tier zu Schaden kommt. Dann schaben Sie die obere Schlammschicht aus dem Teich und mit ihr Wirbellose, Eier und andere Teichlebewesen – auch sie muss gelagert werden. Entfernen Sie zum Schluss die untere Schlammschicht, die Sie kompostieren oder vergraben können. Anschließend verteilen Sie die obere Schicht wieder im Teich und bedecken sie mit Regenwasser. Nach einigen Tagen kommen auch das alte Wasser und die Pflanzen wieder in den Teich zurück.

ÜBERHÄNGENDE ZWEIGE ENTFERNEN

WANN? *Im Herbst und Winter bei Bedarf.*
Ein Teich sollte zwar nicht direkt unter Bäumen oder Sträuchern angelegt werden, aber manchmal wachsen Äste mit der Zeit über den Teich, beschatten ihn und füllen ihn mit Laub. Schneiden Sie überhängende Zweige zurück, aber übertreiben Sie es nicht, denn auch Bäume bieten vielen Tierarten Lebensraum.

TEICHFOLIE REPARIEREN ODER ERSETZEN

WIE OFT? *Hoffentlich nie.*
WANN? *Im Herbst.*
Gelegentlich bohren Äste, Steine oder Haustiere Löcher in Teichfolien. Kleine Lecks sind schwer zu finden. Überzeugen Sie sich erst, ob der Teich nicht durch trockene, heiße Witterung Wasser verliert, indem Sie ihn abends auffüllen und am Morgen den Wasserstand prüfen. Ist die schadhafte Stelle gefunden, senken Sie den Wasserspiegel so weit wie nötig und lassen den zu reparierenden Bereich trocknen. Bei Bedarf müssen Pflanzen und Tiere eine Weile in Eimer umziehen. Im Handel gibt es spezielle Reparatursets; beachten Sie die Gebrauchsanweisungen.

Mitunter werden Folien brüchig und müssen ersetzt werden. Dies lässt sich vermeiden, indem Sie garantiert lange haltbare Produkte kaufen und sie vor Sonne schützen. Muss eine Folie dennoch ausgetauscht werden, siedelt man alle Pflanzen und Tiere vorübergehend in Eimer und Wannen um, entfernt die alte Folie und setzt die neue ein. Sie gehen vor wie beim Neuanlegen eines Teichs und haben Gelegenheit, Änderungen an Form und Tiefe vorzunehmen.

Folie austauschen
Das Austauschen einer Folie unterscheidet sich nicht groß von der kompletten Neuanlage eines Teichs. Kaufen Sie hochwertige Folie mit langer Haltbarkeit und schützen Sie sie vor der Sonne.

FRAGEN UND ANTWORTEN

Noch Fragen zum Teich? Sicher geht es um Algen, Bepflanzung, Fische und tote Frösche. Hier habe ich die häufigsten Fragen und Antworten zusammengestellt – und noch ein paar, die hilfreich sind.

Soll ich Fische in meinen Teich setzen?
Gold- und andere Zierfische können Teiche bereichern und natürlicher Bestandteil eines Ökosystems sein. Leider verspeisen sie in kleinen Gartengewässern fast alle Wirbellosen, etwa Kaulquappen, wenngleich die von Kröten nicht gerade zu ihren Lieblingsspeisen zählen, da sie giftig sind. Wer Zierfische hält, braucht eine Pumpe (siehe S. 24), denn sie hinterlassen auf kleinem Raum relativ viele Ausscheidungen. Wer unbedingt Fische halten möchte, sollte zwei Teiche in Betracht ziehen: einen für die Fische und einen Naturteich. Ansonsten verzichten Sie besser auf Fische. Es wird Ihnen auch ohne sie nicht langweilig.

Soll ich einheimische Pflanzen verwenden?
Als heimisch gelten in Deutschland gemäß Bundesnaturschutzgesetz Pflanzen, die »ihr Verbreitungsgebiet oder regelmäßiges Wanderungsgebiet ganz oder teilweise ... im Inland haben oder in der Vergangenheit hatten«. Da es heimische Pflanzen schon lange bei uns gibt und sich die Tierarten parallel zu ihnen entwickelt haben, nimmt man an, dass sie für die heimische Fauna besser sind. Die Larven einiger Schmetterlingsarten etwa haben ganz bestimmte Futterpflanzen, während andere Arten sowohl heimische als auch nicht heimische Pflanzen besuchen. Bei heimischen

Pflanzen besteht eine geringere Gefahr, dass sie Teiche zuwuchern oder natürliche Gewässer in freier Natur bedrohen. Achten Sie aber auch auf ihre Größe, denn auch sie können sich stark ausbreiten. Im Pflanzenkapitel (siehe S. 70–87) sind nur heimische Arten aufgelistet. In Gartencentern findet man auch nicht endemische Gewächse. Vor dem Kauf sollte man sich informieren, wie stark sie sich ausbreiten und ob sie invasiv sind (siehe S. 88–80 und S. 183). Invasive Arten müssen Sie aus Ihrem Teich entfernen, sobald Sie sie entdecken. Ein Sämling lässt sich leichter herausholen als ein großes, gut eingewachsenes Exemplar. Entsorgen Sie invasive Arten gut, entweder durch Verbrennen oder Heißkompostieren. Sie sollten nicht in die freie Natur gelangen, da sie Wasserläufe und Gewässer zuwuchern können.

Sind Algen und Entengrütze problematisch?

Viele Algenarten ernähren sich von Nährstoffen im Wasser. Algen sind ein natürlicher Bestandteil des Ökosystems in Teichen und eine Nahrungsquelle für viele Wassertiere, etwa Kaulquappen. Allerdings können sie sich rasch ausbreiten und zum Problem werden, wenn man nicht vorsichtig genug ist. Als Erstes besiedeln einen Teich meist Schwebealgen, die das Wasser grün färben. Das ist normal und gibt sich in der Regel, wenn der Teich sein Gleichgewicht findet. Ebenfalls häufig sind Fadenalgen. Sie bilden dichte, haarartige Matten, verbrauchen Sauerstoff und nehmen den übrigen Teichbewohnern Licht weg.

Bei Entengrütze, auch Wasserlinsen genannt, handelt es sich nicht um Algen, sondern um Schwimmpflanzen. Sie bestehen aus kleinen, runden Blättern, die sich rasch vermehren können. Wie Algen sind sie ein natürlicher Bestandteil des Ökosystems in einem Teich. Manche Tiere brauchen sie sogar, etwa der hübsche Wasserlinsen-Rüsselkäfer (*Tanysphyrus lemnae*). Problematisch wird Entengrütze, wenn sie den gesamten Teich bedeckt und anderen Arten Licht und Sauerstoff nimmt.

Man kann die Ausbreitung von Algen und Entengrütze stoppen, indem man sie regelmäßig von Hand entfernt (siehe S. 172–173). Im Handel gibt es spezielle Algenvernichter. Gerstenstroh ist ein natürliches Mittel, das die Algenvermehrung hemmt – man bekommt es in Gartencentern und Aquaristikläden. Eine langfristige Strategie besteht darin, die Nährstoffe im Teich durch eine Vielzahl von Pflanzen und die Verwendung von Unterboden oder Wasserpflanzenerde auf niedrigem Niveau zu halten (siehe S. 178).

Wie kann ich die Nährstoffe in meinem Teichwasser gering halten?
Algen und Entengrütze vermehren sich in nährstoffreichem Wasser sehr stark. Halten Sie deshalb den Nährstoffanteil möglichst gering. Verwenden Sie beim Anlegen des Teichs mageren Unterboden statt Oberboden (siehe S. 32–41) und wählen Sie spezielles Wasserpflanzensubstrat, denn Blumen- und Gartenerde ist ungeeignet. Außerdem sollte man den Teich nicht mit Leitungswasser füllen, da es nährstoffreicher ist als Regenwasser. Möglichst viel Vegetation ist gut, denn sie verbraucht Nährstoffe. Fische dagegen erhöhen den Nährstoffgehalt, zum einen durch Futter, das sie nicht fressen, zum anderen durch ihre Ausscheidungen.

Soll ich meinen Teich auffüllen?
Wasserstandsschwankungen in Teichen sind etwas völlig Normales – manche Weiher in freier Natur trocknen im Sommer völlig aus. Das überleben zwar einige Arten nicht, andere hingegen können davon sogar profitieren. Molche und Frösche etwa ziehen zeitweilig gefüllte Teiche ständig Wasser führenden Becken vor, denn Kaulquappenräuber wie Fische können darin nicht überleben. Außerdem verläuft die Metamorphose von Froschkaulquappen in seichten Gewässern mitunter schneller, auch wenn manch ein Exemplar den Mangel an Wasser nicht überlebt.

Eine andere Frage ist, ob Sie jedes Mal, wenn Sie aus dem Fenster schauen, einen ausgetrockneten Teich sehen wollen. Zudem kann freigelegte Folie in der Sonne Risse bekommen. Kaulquappen und andere Teichfauna in einer stetig schrumpfenden Pfütze ums Überleben kämpfen zu sehen ist nicht sonderlich erbaulich.

Wer seinen Teich auffüllen möchte, sollte Regenwasser aus der Tonne verwenden, um keine Probleme mit Algen zu bekommen. Nur wenn kein Regenwasser verfügbar ist, müssen Sie wohl oder übel Leitungswasser nehmen.

Soll ich Laub aus dem Teich fischen?
Es ist völlig normal, dass Blätter und andere Pflanzenreste in den Teich fallen. In freier Natur sind Kleingewässer ohnehin nur vorübergehende Erscheinungen. Durch Herbstlaub und anderen Detritus (tierische Ausscheidungen, tote Tiere usw.) füllen sie sich, bis sie irgendwann zu Sümpfen werden und schließlich ganz verschwinden. Wir Gartenbesitzer aber wollen den Teich natürlich ewig jung halten. Deshalb lässt es sich nicht vermeiden, dass wir alles herausholen, was ihn altern lässt, etwa Blätter und Algen. Dabei sind einige wenige Blätter sogar

gut für die Tierwelt: Wasserschnecken legen ihre Eier darauf ab, Kaulquappen knabbern sie an, und anderes Getier versteckt sich darunter. Allerdings reichern Blätter das Wasser auch mit Nährstoffen an, was wiederum das Algenwachstum beschleunigt.

Kurzum: Holen Sie Blätter regelmäßig aus dem Wasser, um eine Algenblüte und Detritus am Teichgrund zu verhindern, aber lassen Sie ein paar für Tiere drin.

Warum sterben meine Frösche?

Frösche können aus vielerlei Gründen sterben. Etliche überwintern am Boden von Teichen und atmen dabei über ihre Haut. Am Ende von harten Wintern sieht man nach dem Auftauen des Eises mitunter tote Frösche im Wasser treiben. Warum das so ist, weiß niemand genau – unter Wissenschaftlern werden die Gründe heiß diskutiert. Möglicherweise spielt ein Mangel an Sauerstoff oder die Ansammlung giftiger Gase unter dicken Eisschichten aufgrund verrottender Vegetation am Grund eine Rolle.

Tote Frösche sind natürlich ein trauriger Anblick, aber im Winter nicht ungewöhnlich. Das Froschsterben lässt sich vielleicht verhindern, indem man Herbstlaub aus dem Wasser holt und den Teich nicht komplett zufrieren lässt (siehe S. 174). Allerdings verfügt die Wissenschaft dazu noch nicht über gesicherte Erkenntnisse.

Aber auch das Frühjahr werden immer einige Frösche nicht überleben. Die Paarung ist eine energieraubende Angelegenheit und erfolgt noch dazu direkt nach der Überwinterung – es ist fast ein Wunder, dass überhaupt ein Tier diesen Kraftakt nach der langen Hungerperiode überlebt. Hinzu kommt, dass manche Froschweibchen während des Liebesakts ertrinken, vor allem, wenn sich große Paarungsknäuel bilden, weil mehrere Männchen um sie konkurrieren und über sie herfallen. Auch das ist ein normaler Prozess, aber natürlich nicht schön für jene, die die toten Tiere finden.

Darüber hinaus bleiben die Amphibien nicht von Krankheiten verschont. Am häufigsten wütet das Ranavirus unter ihnen, das Frösche, Kröten und Kaulquappen infiziert. Symptome sind Hautrötungen und -geschwüre. Zwar kann es vorkommen, dass nur einzelne Frösche daran eingehen, doch es kann auch zum Massensterben kommen – ein alles andere als schöner Anblick. Holen Sie tote Frösche sofort aus dem Wasser, wenn Sie sie entdecken, um eine Ausbreitung der Krankheit zu verhindern, und übertragen Sie Froschlaich, Tiere, Pflanzen und Wasser nicht von einem Teich in einen anderen.

GLOSSAR

Algen Eine vielfältige Gruppe von Wasserorganismen, die zur Fotosynthese fähig sind. Etliche findet man in Teichen.

Algenblüte Ein plötzliches Algenwachstum in Gewässern, zu erkennen an grünem, trübem Wasser oder watteartigen Algenmatten.

Amphibien Eine kaltblütige Gruppe von Wirbeltieren mit aquatischen, also durch Kiemen atmenden Larven sowie meist terrestrischen, mit Lungen atmenden erwachsenen Tieren. Zu den Amphibien zählen Frösche, Kröten und Molche.

Amplexus Die Paarungshaltung von Fröschen und Kröten, bei der das Männchen auf den Rücken des Weibchens klettert und es mit seinen Vorderbeinen umklammert hält.

Detritivoren Organismen, die sich von Detritus ernähren.

Detritus Sich zersetzende organische Substanz (die Überreste von Pflanzen, Tieren und Mikroorganismen). In der Geologie bezeichnet der Begriff Detritus erodiertes, lockeres Gestein wie Kies oder Geröll.

Habitat Der Lebensraum, in dem ein bestimmter Organismus lebt und sich fortpflanzt.

Heimisch (einheimisch) Bezeichnet eine Pflanze oder ein Tier, das in einem Gebiet natürlich vorkommt.

Hibernarium Ein Habitat, das von Tieren zur Überwinterung genutzt wird. Dabei kann es sich um einen Hohlraum hinter einer Baumrinde handeln, ebenso wie um den Grund eines Teichs.

Insekten Eine Tierklasse der Gliederfüßer.

Invasiv So nennt man meist nicht heimische Pflanzen, die einheimische durch ihre starke Ausbreitung verdrängen können.

Krebstiere Wassertiere des Unterstamms Crustaceae. Zu den in Teichen vorkommenden Krebstieren zählen Wasserasseln und Wasserflöhe.

Larve Das Jugendstadium von Tieren, die eine Metamorphose durchlaufen.

Metamorphose Der Übergang von der Jugend- zur Adultform bei manchen Tieren. Sie findet oft in mehreren Stadien statt. Manche Tiere durchlaufen eine »vollkommene« Metamorphose vom Larven- zum Erwachsenenstadium, andere eine »unvollkommene« von der Nymphe zum Erwachsenenstadium.

Nymphe Bei bestimmten Tierarten das Jugendstadium, das dem Erwachsenenstadium stärker ähnelt als eine Larve.

Oberboden Die obere Bodenschicht. Sie ist meistens nährstoffreich und enthält ein reiches Pflanzenleben.

Ökosystem Eine Gemeinschaft aus Pflanzen, Tieren und ihrer gemeinsamen unbelebten Umwelt.

pH-Wert Das Maß für die Alkalinität oder Acidität, also den basischen oder sauren Charakter.

Puppe Bei der vollkommenen Metamorphose das Stadium zwischen Larve und erwachsenem Tier.

Unterboden Die nährstoffarme Bodenschicht unterhalb des Oberbodens. Sie hat oft eine andere Farbe als der Oberboden.

Wirbellose Tiere ohne Wirbelsäule.

Wirbeltiere Tiere mit einer Wirbelsäule.

Zersetzung Der Abbau tierischer und pflanzlicher Überreste (d. h. organischer Substanz). Daran sind in der Regel Bakterien, Pilze und Wirbellose beteiligt.

NÜTZLICHE INFORMATIONEN

LITERATURHINWEISE

Die Amphibien und Reptilien Europas von Dieter Glandt (Quelle & Meyer). Das Standard-Nachschlagewerk für Amphibien und Reptilien. Es enthält und beschreibt alle 80 Arten, die in Europa vorkommen. Die Artenporträts sind in Untergruppen unterteilt. Zahlreiche Informationen zu Merkmalen, Vorkommen und Lebensweise.

Vögel in Europa von Rob Hume (Dorling Kindersley). Ein umfassendes Buch mit mehr als 500 Arten, die in Europa leben. Mit detaillierten Beschreibungen, über 1800 Farbfotos, 400 Illustrationen und einem Download von 99 typischen Vogelstimmen. Ein Standardwerk für Hobby-Vogelbeobachter!

Klimafreundlich gärtnern von Sally Nex (Dorling Kindersley). Das Buch vermittelt zahlreiche Fakten und Zahlen über ökologisches Gärtnern und erklärt, wie man seinen CO_2-Fußabdruck reduzieren kann. Umfassende Informationen über nachhaltige Materialien, die Begrünung von Dächern, nachhaltigen Gemüseanbau, Sparen von Wasser und die Gestaltung tierfreundlicher Gärten.

Wildnis im Garten von The Butterfly Brothers (Dorling Kindersley). Leicht verständliche Anleitungen, wie man ganz einfach grüne, tierfreundliche Oasen in Gärten anlegt. Mit einem Kapitel über Gewässer für Tiere.

Die Blütenpflanzen Mitteleuropas von Dietmar Aichele und Hans W. Schwegler (Kosmos). Das wohl umfassendste Werk über die Blütenpflanzen in unseren Breiten: fünf Bände mit insgesamt 2712 Seiten.

Was lebt in Tümpel, Bach und Weiher? von Wolfgang Engelhardt, Peter Martin und Klaus Rehfeld (Kosmos). 400 Pflanzen und Tiere im Porträt. Mit einer Übersicht über Gewässertypen und Naturschutzbestimmungen. Ein unverzichtbarer Gewässerführer!

ORGANISATIONEN

Naturschutzbund Deutschland e. V. (NABU)
Der älteste und mit mehr als 820 000 Mitgliedern auch größte Umweltverband in Deutschland, gegründet 1899 als Bund für Vogelschutz. Er informiert umfassend über alles zum Thema Natur und Landschaft, Umwelt und Ressourcen sowie Tiere und Pflanzen. Auf der Website sind zahlreiche Artenporträts und Informationen über Aktionen und Projekte zu finden.
www.nabu.de

Bund für Umwelt und Naturschutz Deutschland (BUND)
Der zweite große Umweltverband in Deutschland. Er wurde 1975 gegründet. Mehr als 650 000 Menschen unterstützen den BUND heute. Er engagiert sich für ökologische Landwirtschaft und den Schutz bedrohter Arten.
www.bund.net

Naturschutzbund Österreich
Österreichische Naturschutzorganisation mit rund 80 000 Mitgliedern.
www.naturschutzbund.at

Pro Natura
Älteste Naturschutzorganisation der Schweiz mit etwa 140 000 Mitgliedern.
www.pronatura.ch

Deutsche Ornithologen-Gesellschaft e. V.
1850 gegründeter Verein der Vogelfreunde.
www.do-g.de

The Royal Horticultural Society (RHS)
Die führende britische Gesellschaft für Gartenbau und Pflanzenkunde. Ihr Ziel ist die Verbesserung der Lebensqualität durch Pflanzen.
www.rhs.org.uk/wildlife

REGISTER

Kursive Seitenzahlen beziehen sich auf Abbildungen.

F

G

H

I

J

K

L

R

S

W

Z

DANK UND BILDNACHWEIS

Dank der Autorin

Ich danke Ruth, Amy, Jane, Lucy und dem restlichen DK-Team, Helen Bostock und Andy Salisbury von der RHS sowie meiner Agentin Jane Turnbull. Hochleben lasse ich den wunderbaren Jules Howard, der mir meine Fragen zu Teichen und Pflanzen beantwortet hat, mir Zuspruch gegeben hat und einfach nur ein guter Freund war.

Dank des Verlags

DK dankt Nicola Powling und Steve Marsden für die Illustrationen, Steve Crozier für die Bildretusche, Tia Sarkar für die redaktionelle Unterstützung, Francesco Piscitelli für das Proofreading und Vanessa Bird für die Registerarbeit.

Bildnachweis

Der Verlag dankt folgenden Personen und Organisationen für ihre freundliche Genehmigung zur Wiedergabe der Abbildungen. (Abkürzungen: o = oben, u = unten, m = Mitte, l = links, r = rechts, g = ganz)

123RF.com: alekss 146u, Terence Watts 81gl, yuenmingliang 89gor, Nemanja Zotovic 163gor; **Alamy Stock Photo:** AGAMI Photo Agency / Theo Douma 143mru, Arterra Picture Library / Arndt Sven-Erik 147gor, 164ur, / Clement Philippe 112ul, 159mru, Andrew Bailey 14, Richard Becker 167mru, Juniors Bildarchiv GmbH 111gor, BIOSPHOTO / Jean-Michel Groult 52ul, blickwinkel / A. Jagel 79mlu, / fotototo 152-153, / Hartl 151mru, / Hecker 101mru, 103mlu, / Hecker 102gor, Anna Stowe Botanica 32ul, Buiten-Beeld / Jelger Herder 115mru, Buiten-Beeld / Jelger Herder 118-119u, Coatsey 147mru, Denis Crawford 101mlu, Derek Croucher 167mr, Ethan Daniels 181, David Tipling Photo Library 95go, DP Wildlife Vertebrates 111mru, DP Wildlife Vertebrates 132ul, Elizabeth Whiting & Associates / ewastock gardens 175ul, Flora-Images 84mru, FLPA 93, 138gol, 163mru, 113ur, 131mru, 135gor, Tim Gainey 60ml, Tim Graham 120-121, Holly Grogan 156ul, Claire Haskins 150-151m, Robert Henno 87mru, Toby Houlton 163mr, imageBROKER / Arco / G. Lacz 127gor, / Christian Hütter 143gor, Gina Kelly 160ml, Henri Koskinen 83ul, lifes all white 134u, / Michaela Walch 124u, kris Mercer 32ml, mikle15 141gor, Jerome Murray - CC 123u, 148ul, Nature Photographers Ltd / Paul R. Sterry 101mlo, 115gor, / Rob Read 108u, Nature Picture Library / 2020VISION / Mark Hamblin 4ul, 122gol, / Kim Taylor 117, / Simon Colmer 111mr, Mike O'Carroll 13u, 182, Papilio / Robert Pickett 109gor, Paul Thompson Images 84gol, Paul Thompson Images / Kathy Traynor 161, Neil Phillips 102mru, 151tr, PJrNature 151ml, Premium Stock Photography GmbH / Frank Teigler 84mlu, Gillian Pullinger 113gol, 131tr, 131mro, George Reszeter 157gor, SBP 127mr, Scenics & Science 103mru, Mick Sharp 52ml, Gary K Smith 149gol, Tierfotoagentur / T. Harbig 106gol, Nick Upton 104-105, 107ur, Hans Verburg 147mr, Damian Waters 114-115u, Tony Watson 171, Ian West 31, 127mru, WILDLIFE GmbH 145, Rosemary Winnall 135mr **Dreamstime.com:** Aleoks 79gor, Alessandrozocc 89mlu, Alexmak72427 75gol, Anitasstudio 110u, Anuraj R V 88mru, Argenlant 76gor, Natalia Bachkova 154gol, Adrian Ciurea 167gor, Creativenaturemedia 75gor, Natalya Erofeeva 80mru, Paul Farnfield 80mlu, Jaroslav Frank 136-137, Per Grunditz 143mr, Pawel Horazy 86mru, Javier Alonso Huerta 102mlu, Isselee 158u, 162u, Jpldesigns 42ml, Jsmcqueen 102gol, Ferenc Kósa 87gol, Matauw 87mlu, Sander Meertins 119mru, Micromann 119gor, Chris Moncrieff 155ur, Mps197 85gol, Evgeniy Muhortov 76gol, Oakdalecat 83gol, Martin Pelanek 115mr, Plej92 89mru, Dmitry Potashkin 76ul, Ian Redding 81gor, 89gol, Sarah Richert 165gol, Jonas Rönnbro 159mr, Sandra Standbridge 135mru, 140um, Stockr 85ul, Wanuttapong Suwannasilp 83gor, Andris Tkacenko 77mru, Pavel Trankov 126, Iva Vagnerova 79mrr, Iva Villi 87gol, Whiskybottle 75ul, 79gol, 80gol, 81ul, 128, 77mlu, Ian Wilson 9, Rudmer Zwerver 142u, 159gor, 166u **GAP Photos:** Richard Bloom 5u, 32-33u, 42-43um, Jonathan Buckley / Design: John Massey 10-11go, Carole Drake 60-61u, John Glover / Design Roger Platt - Chelsea FS 1996 52-53um, Howard Rice / Design: Joy Martin 2, Nicola Stocken 60ul **Getty Images / iStock:** E+ / kevinjeon00 4ur, 71, / NNehring 103mlo, Jaimie Tuchman 85gor

ÜBER DIE AUTORIN

Kate Bradbury ist eine preisgekrönte Autorin und Journalistin, die sich auf das Naturgärtnern spezialisiert hat. Sie verantwortet die Tierseiten des *BBC Gardeners' World Magazine* und schreibt regelmäßig für den *Telegraph*, den *Guardian*, das RHS-Magazin *The Garden* und Veröffentlichungen des Wildlife Trusts. Die Liste ihrer Bücher umfasst *Wildlife Gardening: For Everyone and Everything, The Bumblebee Flies Anyway* (Bloomsbury) und *The Wildlife Gardener* (White Owl). Sie lebt in Brighton, wo sie auch ihren Naturgarten für die *BBC* Springwatch Campaign angelegt hat. Sie und ihr Garten waren bereits Thema in der *BBC Gardeners' World*. Kate ist Schirmherrin der britischen Schutzorganisationen für Frösche und Hummeln und Gartenbotschafterin der britischen Schutzgemeinschaft für Schmetterlinge.

DK London
Lektorat Mary-Clare Jerram, Katie Cowan, Ruth O'Rourke, Amy Slack, Jane Simmonds
Fachberatung Chris Young
Gestaltung und Bildredaktion Maxine Pedliham, Christine Keilty, Nigel Wright
Herstellung David Almond, Rebecca Parton
Umschlaggestaltung Nicola Powling, Lucy Philpott

ROYAL HORTICULTURAL SOCIETY
Beratung Helen Bostock
Lektorat Rae Spencer-Jones

Für die deutsche Ausgabe:
Programmleitung Monika Schlitzer
Redaktionsleitung Dr. Kerstin Schlieker
Projektbetreuung Manuela Stern
Herstellungsleitung Dorothee Whittaker
Herstellungskoordination Bianca Isack
Herstellung Sabine Hüttenkofer

Titel der englischen Originalausgabe:
How to create a wildlife pond

Übersetzung Reinhard Ferstl
Lektorat Petra Sparrer

ISBN 978-3-8310-4389-7

Druck und Bindung TBB, a.s., Slowakei

MIX
Papier aus verantwortungsvollen Quellen
FSC® C018179

www.dk-verlag.de

Hinweis
Die Informationen und Ratschläge in diesem Buch sind von der Autorin und vom Verlag sorgfältig erwogen und geprüft, dennoch kann eine Garantie nicht übernommen werden.
Eine Haftung der Autorin bzw. des Verlags und seiner Beauftragten für Personen-, Sach- und Vermögensschäden ist ausgeschlossen.

NOCH MEHR SPASS UND LESEFREUDE

ISBN 978-3-8310-4311-8
29,95 € (D) / 30,80 € (A)

ISBN 978-3-8310-4390-3
24,95 € (D) / 25,70 € (A)

ISBN 978-3-8310-3900-5
16,95 € (D) / 17,50 € (A)

ISBN 978-3-8310-4388-0
14,95 € (D) / 15,40 € (A)

www.dk-verlag.de